MICHAEL SCHOTTENBERG

Österreich für Entdecker

Für Claire

Inhalt

Herzklopfen

Am Beginn einer Reise zu durchaus Vertrautem

Natürlich bin ich kein Schriftsteller. Ich berichte, was ich gesehen habe. In meinem ganzen Leben habe ich nichts anderes getan, als zu erzählen. Allerdings waren es ausgedachte Geschichten, phantastische Geschichten. Geschichten von oder über Charaktere, die als Symbole in einem größeren Zusammenhang zu lesen waren. Heute sind meine Texte real. Sie handeln von Begegnungen mit Menschen. Ich höre ihnen zu, ich sehe ihre Mimik, ihre Gesten. Ich betrachte sie. Wenn ich die Worte nicht verstehe, achte ich auf den Tonfall. Alle Geschichten haben denselben Ausgangspunkt: Ich schlüpfe in eine Welt, die nicht die meine ist. Ich lerne Neues und verliere mich in Situationen, in Lebensentwürfen, manchmal sogar in Menschen. Natürlich sind es immer nur Momentaufnahmen. Von Flüchtigem zu erzählen, kann spannend sein, es erhebt ja keinen Anspruch aufs Ganze. Herzenswärme und Humor zeichnen diese Begegnungen aus. Ich lerne Schicksale, Kuriositäten und Familiengeschichten kennen. Oft sind es Zufälle oder das Wahrnehmen einer Chance, die das Leben eines Menschen beeinflussen. Manchmal ist es das Entdecken des Augenblicks. Wie Prismen unterschiedlicher Farben und Formen fügt sich alles zu einem Ganzen und ergibt das Identitätsdiagramm einer Stadt, eines Landes. So befüllt sich ein Zettelkasten der besonderen Art: mit Unbekanntem, Überraschendem, Verborgenem.

Lehne ich mich zurück und lasse Vergangenes Revue passieren, ist es mir, als hätte das meiste nur einen Wimpernschlag lang gedauert. Dass dieser Moment in meiner Erinnerung fortbesteht, ist den Worten geschuldet, die ihn beschreiben.

Ich betrachte die Welt rund um mich wie ein Gemälde. Ich höre auf die Flüchtigkeit des ersten Gedankens, möchte die kleinen Geheimnisse entdecken, die sich hinter den großen verbergen, die Geschichten hinter den Geschichten. Wie ein Schmetterlingsjäger sammle ich Beiläufigkeiten, Worte und Gesten von Menschen, die ihre Welt beschreiben. Aus all dem setzen sich Bilder zusammen, die sich zu einer Welt des neuen Seins fügen. Als ob ich in einem Fesselballon über ein Land voller Mystizismen und Geheimnisse schwebte, nichts anderes im Sinn, als zu betrachten und zu beschreiben.

Ein Gutteil der Faszination des Reisens besteht darin, dass ich zumeist alleine reise. Die Anstrengung, dass kein Tag dem anderen gleicht, erhöht das risikoreiche Spiel. Es ist spannend, sich einer Welt zu stellen, die man täglich neu erobert. Der Erfolg des Wanderers beginnt damit, sich ein Ziel zu setzen. Wahrscheinlich reise ich, um mich zu verlieren. Und wahrscheinlich reise ich, um jenen lange schon verlorenen, jung gebliebenen Buben in mir aufzuspüren. Reisen schenkt mir die Balance zwischen Erfahren und Empathie, es schenkt mir so viele kostbare Augenblicke, die ich festhalten möchte. Der Unterschied zwischen Reisendem und Touristen ist der, dass der Reisende seine Überzeugungen zu Hause lässt, während der andere das Gegenteil tut. Für den Touristen ist nichts so, wie er es von zu Hause gewohnt ist, und der andere genießt, dass die Welt auf den Kopf gestellt ist.

Natürlich bin ich, wohin immer ich komme, fremd. Es ist dies keineswegs die Ausnahme, es ist der Normalfall. Sogar im eigenen Land. Touristen sind willkommen, man verdient an ihnen. Menschen vom Boot will man rasch wieder loswerden. Am besten man baut Zäune. Wo? Weit weg. Wer zahlt's? Die anderen. Wie hoch? Bis über den Verstand. Selbst intelligente Menschen verfangen sich gerne im Maschendraht ihrer Vorurteile. Es steckt Scheu und Skepsis in der Begegnung mit dem Fremden. Humus für gut frisierte Populisten. Angst war immer schon ein probates Druckmittel. Imaginär und konkret. Imaginär, weil der kleine Mann mit Hut prinzipiell Neues ablehnt. Konkret, weil mit „fremd" immer auch die Angst vor dem Verlust von Eigentum einhergeht. Ich bin kein Politiker. Ich muss keine Lösungen finden. Ich bin Reisender. Ich darf Visionen haben. Eine davon lautet: Fantasie. Eine andere: Neugier. Beides löst Ängste auf. Was übrigens auch Bildung und Kunst tun. Kunst kann durch Vermittlung von Kulturen Räume schaffen, die angstfrei sind. Bilder, Musik, Tanz, Geschichten überwinden Barrieren. Herz und Emotion sind oft die verständlichere Sprache als Worte.

Visionen sind dazu da, um den Verstand aus der Deckung zu locken. Respekt und Anerkennung könnten es möglich machen, dass wir den Schritt wagen und einander mit unseren Welten vertraut machen. Gelassenheit wäre das Zauberwort. Das hat nichts mit Trägheit oder Gleichgültigkeit zu tun, weniger noch mit Apathie oder Fatalismus. Es führt einfach zur Erkenntnis: Lebe in der Gegenwart. Und das wiederum bedeutet: Sei offen gegenüber Neuem und Unbekanntem. Wasche dein eigenes Geschirr, aber blicke gleichzeitig auch über dessen Rand.

Gelassenheit, Mut und Weisheit stehen in engem Verwandtschaftsverhältnis: Man braucht Gelassenheit, Dinge hinzunehmen, die man nicht ändern kann. Man braucht Mut, Dinge zu ändern, die man ändern muss. Und man braucht Weisheit, das eine vom anderen zu unterscheiden.

Reisen ist die beste Möglichkeit, mein Leben neu zu ordnen, um mich vor der Müdigkeit zu bewahren. Diesmal bin ich in der Heimat unterwegs. Zumeist hatte ich fremde Länder bereist. Jetzt heißt es, innerhalb der eigenen Grenzen zu bleiben. Die Zeiten, sie sind halt so. Ein Schritt zurück? Nicht unbedingt. Vielmehr eine Chance. Kein Wegschauen, sondern Hinschauen. Erschien mir das Vertraute bislang nicht interessant genug? Sieh das Nahe, dann erkennst du das Fremde. Ich habe diesen Satz mehrfach gewendet und ihn von immer anderen Gesichtspunkten aus betrachtet. Nicht die Geografie entscheidet. Die Seelen der Menschen bestimmen Fremde. Oder Nähe. Nach ersten Ängsten wurde ich berührungsneugierig. Das Abenteuer begann vor der Haustüre. Ich habe Menschen kennengelernt, deren Sprache ich spreche, und die ich dennoch nicht verstehe. Ein Dialekt im Ländle bringt mich ebenso in Verlegenheit wie eine knarzig gebellte Begrüßung im Zillertal oder ein zermahlenes Wortstück eines Südburgenländers. Und erst die Kaugummi-Aussprache des Wieners! In Simmering spricht man anders als in Hernals, in Ottakring anders als in Meidling. Wie viele verschiedene Sprachen spricht dieses Land! Wie unterschiedlich sind die Wortgebirge, Gedankenflüsse, Lachanfälle.

Ich habe mich aufgemacht, um der Sprache von Menschen zuzuhören, ihre Geschichten, ihr Handwerk, ihre Kochrezepte kennenzulernen, über ihre Eigenheiten zu lächeln und von ihrer Weisheit zu lernen. Ein ganzes Jahr lang war ich unterwegs. Nun ist es an der Zeit, meine Erlebnisse zu Papier zu bringen – und mich nochmal daran zu erfreuen. Beinahe ein Menschenleben lang habe ich mich in der Fremde herumgetrieben, nun ist es Zeit, mich der Nähe zu stellen. Neues erfahren. In meiner Heimat. Im wahrsten Sinne des Wortes.

Das Alter ist ein Geschenk, wenn man nicht vergessen hat, was anfangen heißt. Wie immer am Beginn eines Weges bin ich aufgeregt und fühle mich jung. Wahrscheinlich ist es das, wonach ich mich sehne: das Herzklopfen.

Stadtbilder

Gedanken über Wien

Der Bub soll raus in die Sonne. „Docka-Garten" hat er das Stück Wiese genannt. Ein Lattenzaun, eine Hecke, ein Steinweg. Dazwischen Gras. Und Stufen, die zum unteren Ende des handtuchgroßen Paradieses führten. „Schrebergarten" hieß das damals, im Nachkriegswien der Fünfziger. Kleingarten heißt es jetzt. Für den Bub war es der Himmel. Bienen summten, Spatzen badeten in der kleinen Lacke unter dem Wasserhahn, wo die verrostete Gießkanne stand. Am Kopf trug der Kleine ein weißes Sonnenhütchen, an den Füßen ein paar feste, hohe Schuhe. Barfuß sollte er nicht gehen, zu viele Gefahren lauerten auf den Wegen. Sonst war er nackig. Emsig arbeitete er daran, Kieselsteine in ein rotes Blechküberl zu schaufeln, um dieses dann zur großen Schwester zu tragen, die im Schatten des Spalierobstes patzig im Gras saß. Ungerührt schüttete sie die Steinchen auf einen Haufen und gab dem „Weißfischl", wie die Omama das bleiche eineinhalbjährige Kind nannte, das Küberl zurück. Der machte sich stracks auf den Weg zur nächsten Ladung, denn es gab noch viel zu tun. Fünfundsechzig Jahre später hat der Kleine, der gar nicht mehr klein ist, den Geruch des Staubes, der beim Umleeren der Steinchen entstand, immer noch in der Nase.

Und erst der süßliche Geruch des von der Sonne beschienenen Teeranstriches am Bretterzaun, der rund um den Fußballplatz des „Rekordmeisters" stand. An wenigen Stellen gaben ein paar Gucklöcher den Blick ins Allerheiligste frei, wo die Götter Happel, Halla und Hanappi gaberlten. Der frischgebackene Volksschüler sehnte sich nach der großen Fußballwelt. Aber sie war ebenso unerreichbar wie der Wunsch, dem Universum der „Parkbuben" anzugehören, drüben, jenseits der Winkelmannstraße, im Auer-Welsbach-Park. Was blieb, war der verstohlene Blick aus dem Fenster des Esszimmers hinüber zum Sehnsuchtsort, wo die Halbstarken Hof hielten und sich die Mädels in ihren feschen Karottenhosen um die Lederjacken-Bubis scharten.

Und wie oft erwachte der Kleine lange vor dem Weckruf der Omama, weil die Räder des 57ers in der Endstationsschleife Weiglgasse die Schienen singen ließen und die Elektrische ihre lange Reise durch die Vorstadt bis zum Burgring in Angriff nahm. Wie oft saß der Bub in ebendieser Bahn und starrte auf die abgegriffene Lederumhängetasche des missmutigen Schaffners, der sich mit den Worten „Tschuidigen, tschuidigen" fahrkartenzwickend durch die Fahrgäste arbeitete, um dann zum Glockenstrang hoch über den Pritschenbänken zu greifen, worauf ein schrilles Bimmeln erklang und sich das nach Holz und Eisen duftende Ungetüm erneut in Bewegung setzte. Das gefürchtete „Endstation! Alles aussteigen, bitteeee!" erklang und das Schicksal nahm unmittelbar nebenan, am Burgring, seinen Lauf: Die Richtstätte lag im ersten Stock. Genauer gesagt, gezählte einundsiebzig Stufen über Straßenniveau. Es war die Ordination des Zahnfacharztes, eines Vaterfreundes, dessen Hobby, anziehend wie abstoßend für den Buben, die Großwildjagd war. Die kindliche Glaubenswelt an das Gute im Menschen geriet hier ein ums andere Mal gehörig ins Wanken. Er entpuppte sich nämlich als der Teufel selbst, der nicht nur gerne Tiere tötete, sondern auch vor Angst zitternden Kindern, bewaffnet mit Zange und Bohrer, dessen mechanischer Antrieb per Fußhebel zu betätigen war, an die Backe rückte. Wie der Vater mit einem derartigen Folterknecht befreundet sein konnte, sollte dem Volksschüler für immer ein ungelöstes Rätsel bleiben.

Es sind die kleinen Dinge des täglichen Seins, die als wehmütige Reminiszenz im Gedächtnis haften bleiben, wie zum Beispiel jener prägnante Duft des Kaffeeröstbetriebes zwischen Jheringgasse und Anschützgasse, gegenüber dem Elternhaus. Bis auf jenen aber haben sich die meisten Geräusche und Gerüche der Kindheit für immer verflüchtigt. Die Welt von heute ist eine andere, eine erwachsene.

Wien hat sich längst zu einer modernen Metropole gemausert, deren angerosteter Charme zwischen Anspruch und Versagen feststeckt. Nichts ist perfekt, aber alles funktioniert. So sind sie, die Wiener: Sie sehnen sich nach Vergangenem und fürchten sich vor der Zukunft. Sie besingen den Tod und saufen sich das Leben schön. Sie bevorzugen die Beletage, landen aber doch nur im Mezzanin. Ein Leben, nicht oben, nicht unten. Dazwischen halt.

Wien ist weder Stadt noch Land. Es ist beides. Mal dies, mal das. Eine Personalunion von Schlendrian und Pfiffigkeit, Murks und Moder. Wien bleibt Wien. Fürchte ich. Hoffe ich.

Der Schäferhund

Großmarkt Wien, Laxenburger Straße 367, 1230 Wien

Es ist fünf Uhr früh, ich brause eine breite Ausfahrtsstraße entlang und biege in das dreißig Hektar große Marktgelände des „Kompetenzzentrums für Obst, Gemüse, Blumen, Fleisch, Fisch und Eiprodukte" ein – das Areal des Großmarktes Wien. Vierhunderttausend Tonnen Ware gehen hier alljährlich über den Tresen. Die Ursprünge des Großmarktes liegen in der Donaumonarchie. 1916 wurde in Wien ein neuer Lebensmittelmarkt geplant, der anfangs in der Nähe des Naschmarktes angesiedelt wurde. Allerdings gab es dort keine Schienenanbindung, weshalb in erster Linie mit Waren aus dem Inland „gestandlt" wurde. Alles, was von „draußen" kam, wurde auf dem besser angebundenen Matzleinsdorfer Frachtenbahnhof verkauft. Fehlender Platz sowie der immer stärker werdende Verkehr machten schließlich die Umsiedlung der beiden Märkte (sowie des Blumengroßmarkts „Phorushalle auf der Wieden") erforderlich. 1972 eröffnete der neue Großmarkt an seinem heutigen Standort, später kam noch der ehemalige Fleischmarkt St. Marx hinzu.

Die Strahlen der aufgehenden Sonne liegen über dem Gelände. In den Hallen herrscht Hochbetrieb. Auch auf

Ein neuer Morgen am Großmarkt

den Plätzen davor werden die Großraumparkplätze, die eigentlich für schweres Gerät reserviert sind, als temporäre Marktfläche genutzt. Vor einer der Hallen sitzt ein Mann und schneidet Krautköpfe. Müde blinzelt er mir zu. Ich stelle ihm einen Becher Kaffee hin. „Seit wann?", frage ich.

„Drei Uhr. Oft früher. Je nachdem, wo eingeteilt." Die Deckblätter landen auf einem großen Haufen.

Just in dem Moment kommt mir ein Artikel in den Sinn, den ich vor Jahren in einem dieser kleinen, bunten Bezirksblätter gelesen habe. Stand da nicht etwas von einem tiefgefrorenen Dackel in der Kühltruhe eines Fleischereibetriebes?

Ich hocke mich neben den Mann und sage: „Dackel."

Er faltelt die Stirn. „Nix Dackel. Schäferhund!", grunzt er. Ob Dackel oder Schäfer, ich hätte nicht gedacht, dass es

Der Arbeitsplatz meines Freundes

so schnell klappt. Um diese Uhrzeit sind die Leute gesprä-
chiger, als man denken sollte. Der Mann steht auf, gähnt,
zündet sich eine Zigarette an und verschwindet zwischen
den Hallen. Was für ein Dialog. Er könnte original aus
einem Stück von Samuel Beckett stammen.

Schräg gegenüber liegt das Imperium des *Maroni-
Königs.* Jedes Jahr ab Mitte September ist es so weit. Werden
die Tage in Wien kürzer, sprießen die Maroni-Standeln aus
dem Asphalt. Wer kennt ihn nicht, den Brater, der immer
an derselben Stelle die Füße in den Boden stampft und mit
rissigen Händen heiße Kastanien oder Kartoffelscheiben
ins Stanitzel stopft. Jahr für Jahr sagte die Großmutter das
ewig Gleiche: „Der Kerl füllt auch immer weniger rein!" Jetzt,
ein paar Jahre später, denke ich mir dasselbe. Das Imperium
indes liegt nicht auf der faulen Haut. Heute beliefert der

Maroni-König rund achtzig Prozent der Wiener Blechöfen mit selbst importierter Ware aus dem Piemont und der Emilia-Romagna. Das Einzige, was der King fürchtet, ist die Erderwärmung, dann müsste er wohl den nächsten Schritt wagen – den ins heiß umkämpfte Eis-Geschäft.

Drüben, beim Großhandel der Familie Aibler, herrscht auch schon Hochbetrieb. Hier wird so ziemlich alles verklopft, was Schuppe oder Kruste hat. Ob die Ware aus der eigenen Teichwirtschaft kommt oder vom vorzugsweise „kleinen Fischer", der am Ende der Welt in seinem Schinakel hockt und dessen Fang auf (garantiert) kürzestem Weg in den Großraumflieger gelangt, der, kaum dass er beladen ist, in Richtung Inzersdorf abhebt – der Fisch ist frisch wie der von Fischers Fritze. Die Aiblers sind die umtriebigsten Meerestierhändler Österreichs. Innerhalb der Grenzen geht's natürlich noch schneller: Frühmorgens bestellt, hüpft der fangfrische „Aibler" zu Mittag schon in die Pfanne.

Ich schlendere durch das Fleisch-, Obst- und Blumenparadies, um wieder bei meinem Freund, dem Kohlputzer, zu landen.

„Habe Hund selbst gefunden."

„Den Dackel?"

„Den Schäferhund!" Er schnitzt erneut am Gemüse herum. „War kurz nach Eis-Lady-Geschichte. Hab gejobbt beim Fleischer, drüben in Halle 1. War noch dunkel. Ich mache Kühltruhe auf und halte Gebiss in der Hand. Lieblingshund vom Chef war im Sackl. Er wollte ihn ausstopfen lassen. Betrieb wurde dennoch gesperrt."

Ich steige auf meine Vespa und rolle durch den Frühverkehr in Richtung Stadt zurück – auf schnellstem Weg. Sicher ist sicher.

Ein Ort der Schönheit

Kahlenberger Friedhof, Kahlenberger Straße, 1190 Wien

Ich war das erste und einzige Mal in meinem Leben von dem Anblick einer wirklich himmlischen Schönheit ergriffen, wie nie vorher und seitdem." Joseph Freiherr von Hammer-Purgstall, Diplomat, Orientalist und Gründungspräsident der Akademie der Wissenschaften, steht vor dem siebzehnjährigen Mädchen – und ist überwältigt. Ihre Anmut, ihre vollkommene Schönheit machen ihn, den Wortgewaltigen, sprachlos. „Ich fand damals keine Worte, meine Empfindung auszudrücken und finde sie auch heute nicht ..." Der Freiherr ist nicht der Einzige, der dem Charme der jungen Sängerin erliegt. Karoline steht da im Tanzsaal *Zum Römischen Kaiser* in der Kärntner Straße, umringt von jungen Herren, die ihren Blick nicht lassen können vom Zauber ihrer Jugend, und genießt die Blicke ihrer Bewunderer.

Das „schönste Mädchen zur Zeit des Wiener Kongresses", wie das junge Fräulein Traunwieser genannt wurde, zog eine Heerschar von Bewunderern in ihren Bann. Einer

Das Tor zur Ewigkeit

von ihnen liegt ihr heute noch zu Füßen: Fürst Karl de Ligne, Diplomat, Militär, Politiker und Gesellschaftslöwe, der „Rosarote Prinz", dessen Rockaufschläge glänzten und der beim weiblichen Geschlecht in hohem Ansehen stand. Sein Grab liegt vis-à-vis dem ihren. Ihr Herz aber war zeit ihres kurzen Lebens einem anderen Mann versprochen, dem feschen französischen Oberst Rameuf. Der aber ließ sein Leben für Krone und Vaterland. Karoline folgte ihm schon bald nach. In den frühen März-Tagen des Jahres 1815 starb die Schöne an gebrochenem Herzen. Angeblich suchte sie Tag und Nacht nach ihrem Geliebten. Ihre gemeinsame Liebe sollte sich erst nach dem Tod der schönen Karoline erfüllen.

Ein heißer Frühlingstag. Der Aufstieg zu diesem verwunschenen Platz ist mühsam. Über steile Wiesen führt er herauf, über Wege und Steige, durch Weinberge, vorbei an Obstgärten – vom Kahlenbergerdörfel aus, oder eben aus Grinzing. Allerdings: Man wird belohnt für die Mühe. Vom kleinsten (und höchstgelegenen) Friedhof Wiens hat man eine prächtige Aussicht über die Stadt. „Glücklich der, der hier begraben liegt!" Nirgendwo sonst erscheint des Dichters Wort gültiger.

Nur wenige Glückliche fanden hier ihren Platz, an denkmalgeschütztem Ort, zu Füßen des ehemaligen Josefsdorfes, in dem die frommen Männer des Kamaldulenser-Ordens lebten. Knapp unterhalb ihrer Häuser legten sie im Jahre 1783 den Friedhof an, versteckt, inmitten des Waldes. Exakt hundert Jahre früher sprengten von hier aus Elite-Husaren unter dem Kommando des polnischen Königs Johann Sobieski die Flanken des Berges hinunter und fügten den osmanischen Truppen Kara Mustafas die entscheidende Niederlage zu. Die Zweite Türkenbelagerung Wiens wurde siegreich zu Ende gebracht. Noch heute bestatten die Mönche des polnischen Ordens der Resurrektionisten, die die Kirche auf dem Kahlenberg betreuen, hier ihre verstorbenen Mitbrüder.

Die Geschichte eines Friedhofes ist immer auch die Geschichte derer, die in seiner Erde begraben liegen. Hier, zu Füßen des Kahlenberges, ruht die Schönheit der Jugend. Die Schönheit Wiens. Ewiglich. Ihr ist dieser Ort geweiht.

Das Grabmal der Schönheit Karoline Traunwieser

Wider das Schweigen

Kirche am Steinhof, Baumgartner Höhe 1, 1140 Wien

Ich stehe vor der Kirche St. Leopold. Weithin sichtbar thront sie über Wien, auf dem höchsten Punkt der Krankenanstalt „Am Steinhof". Oft komme ich hierher. Trotzdem es ein trauriger Ort ist, zieht mich das Gebäude an wie kein anderes. Zu Zeiten ihrer Entstehung war die Heil- und Pflegeanstalt das größte „Irrenhaus" Europas. Otto Wagner, der Architekt, bekam während der Planungszeit vom Ärzte- und Pflegepersonal jede Menge Auflagen, die zur Rücksichtnahme auf Patienten verpflichteten. Arztzimmer, Toiletten, Notausgänge waren in den Kirchenraum zu integrieren, Kanten und Ecken der Bänke mussten gerundet sein, und um das Risiko von Infektionen zu verringern, war das Weihwasserbecken als eine Art „Tröpferlbrunnen" konzipiert. Die Fassade der Kirche gehört mit zum Prächtigsten: Marmor, goldene Lorbeerkränze, ornamentale Verzierungen. Vier große, geflügelte Engel bewachen das Portal. Die imposante goldene Kuppel erinnert an eine überdi-

Die Schlafplätze der Krähenvögel

mensionale Zitrone, weshalb die Baumgartner Höhe von
den Wienern seit jeher Limoniberg genannt wird.

Der Widerspruch zwischen der Reinheit eines der voll-
kommensten Bauwerke Wiens und den Verbrechen, die zu
seinen Füßen geschahen, könnte nicht krasser sein. Während des „Dritten Reiches" war hier, am Steinhof, eine Ner-
venheilanstalt für Kinder untergebracht, in der „kranke,
behinderte, nicht erziehbare" Kinder und Jugendliche me-
dizinischen Versuchen ausgesetzt waren. Die Kirche, die zu
den größten Meisterwerken des Jugendstils zählt, wacht

Engel bewachen die Kirche am Steinhof.

über eine düstere Vergangenheit. Heute gilt der Name der einstigen Anstalt „Am Spiegelgrund" als Synonym für die Verbrechen der nationalsozialistischen „Heil"-Pädagogik, die mit bestialischer Brutalität unschuldige Kinder zu Tode quälte. Knapp achthundert von ihnen wurden hier dem Dienste pervertierter Wissenschaft geopfert.

Die Geschichte vom Spiegelgrund aber endet nicht 1945, sondern reicht bis in unsere Gegenwart. Bei der Uraufführung des Theaterstückes *Spiegelgrund*, das ich anlässlich der Eröffnung meiner Direktionszeit am Volkstheater im Jahre 2005 in Auftrag gegeben hatte, ging es um verlorene Träume und Sehnsüchte der Opfer vom Spiegelgrund. Nicht nur das Leiden unschuldiger Kinder aber war unser Thema, sondern auch die mitleidlose Perversion der NS-Ärzte, und, das vor allem, die selbstverordnete Demenz eines Landes, das sich bis vor wenigen Jahren genau wie der Euthanasie-Arzt Heinrich Gross, der „Mörder vom Spiegelgrund", nicht an die toten Kinder erinnern konnte (oder wollte). Gross ist längst verstorben, er hat sich der weltlichen Justiz durch Vortäuschen von Krankheiten entzogen. Sein damaliger Anwalt saß in der Uraufführung, erste Reihe, fußfrei. Er drohte die Premiere zu stoppen, sollte auch nur ein einziges anklagendes Wort gegen seinen Mandanten fallen. Wir ließen uns nicht einschüchtern, die Mörder wurden als das benannt, was sie waren: Mörder. Bis heute hat der Herr Doktor nicht geklagt, die Behauptungen haben sich längst als wahr erwiesen.

Rund um die prachtvolle Kirche stehen riesige Föhren. In ihnen nisten Krähenvögel, die tagsüber im Schönbrunner Park auf Futtersuche sind und bei Dunkelheit auf den Steinhof zurückkehren, um sich in den Kronen der umliegenden Bäume ihr Nachtlager zu suchen. Vielkehliges Geschrei erhebt sich dann über den Pavillons. Als ob die Seelen der geschundenen Kreaturen ihr Wehklagen in den Nachthimmel senden wollten – die sterblichen Überreste der Euthanasie-Opfer nämlich wurden bis in die 1980er-Jahre für Forschungszwecke geschändet und entweiht. Erst im Jahr 2002 setzte man sie in einem Ehrengrab auf dem Wiener Zentralfriedhof bei.

Am Fuße der breiten Treppe, die hinunter zur Krankenanstalt führt, befindet sich ein Mahnmal der besonderen Art. Siebenhundertzweiundsiebzig Lichtstelen stehen für jene Kinder und Jugendlichen, die zwischen 1940 und 1945 in der nationalsozialistischen „Forschungsanstalt" gequält und ermordet wurden. Das Leuchten steht für ihr Leiden. Wir dürfen niemals vergessen.

Das Tröpferlbad

**Volksbad 16, Friedrich-Kaiser-Gasse 11,
1160 Wien**

Die Bezeichnung „Tröpferlbad" leitet sich vom spärlichen Wasserdruck aus den oberen Etagen her – dort befanden sich die Tanks, die an hygieneintensiven Tagen rasch an ihre Grenzen stießen. Das Wasser floss dann nur tropfenweise aus den Brauseköpfen. Gemeint ist die Zeit der Eröffnung des ersten Wiener Volksbades. Man schrieb das Jahr 1887. Bis zum Ausbruch des Ersten Weltkrieges errichtete die Wiener Stadtverwaltung weitere achtzehn Brausebäder. Gezählte dreieinhalb Millionen Menschen versammelten sich pro Jahr im städtischen Getröpfel. Das bedeutet: Bei der damaligen Bevölkerungszahl von zweieinhalb Millionen hat sich jeder Wiener jährlich eineinhalb Mal geschrubbt. So richtig sauber waren sie nicht, unsere Ahnln. Im Krieg riecht man eben nicht so genau hin. In den Fünfzigerjahren baute das Komiker-Duo Pirron & Knapp dem Tröpferlbad ein musikalisches Denkmal. Seit damals hat es der Duschkopf längstens ins kollektive Gedächtnis der Stadt geschafft.

Heute gibt es nur noch ein einziges „reines" Brausebad, das Volksbad 16. Wo schon? In Ottakring, im Parterre eines

Gemeindebaues. Pirron & Knapp schaut's oba.

„Ja?"

Ich erschrecke. Die Bedienung ist prompt zur Stelle. Ich stehe vor der Portiersloge in der Größe einer Mikrowelle inmitten eines Nirosta-Paradieses. Die Türe hinter mir schließt sich, die Welt bleibt außen vor.

„Was wollen Sie?"

Ich sage, dass ich duschen möchte – eigentlich.

„Eigentlich?"

Ein Drachen undefinierbaren Alters mustert mich von oben bis unten. „Sie?" Die Dame mag an schrullige Personen gewöhnt sein, ich aber bereite ihr, scheint's, Kopfzerbrechen.

„Ja, ich." Schuldbewusst blicke ich mich um.

„Weshalb?", fragt die Person hinter der Glasscheibe.

Ich beuge mich zum Sprechfenster hinunter, sie geht vorsichtshalber zwei Schritte rückwärts. „Weil ich es nötig habe", flüstere ich.

„Ich kenne meine Pappenheimer. Sie gehören nicht dazu."

„Ist das Lokal öffentlich oder nicht?"

„Aber nicht für Sie. Sie haben heute schon geduscht."

„Woher wissen Sie das?"

„Meine Nase." Der Terrier hat sich inzwischen in der Nähe des Gummibaumes verschanzt.

„Was kostet der Spaß?", frage ich.

„Sie haben kein Handtuch dabei."

„Brauche ich das?"

„Zum Duschen nicht, aber zum Abtrocknen." Wo sie recht hat, hat sie recht. „Was wollen Sie hier?"

Ich rücke mit der Wahrheit heraus. Ich möchte ins letzte

Tröpferlbad Wiens. Einfach so. „Ist das verboten?"

„Weshalb?"

„Ich möchte ein paar Fotos schießen."

„Nicht von mir. Hier wird geduscht und sonst nix."

„Okay ...", sage ich, „was bin ich schuldig?"

„Zwei siebzig. Die Stunde."

„Und wenn ich kürzer dusche?"

„Sie haben kein Handtuch."

Wir drehen uns im Kreis. Ich lege die Münzen auf die Resopal-Fläche.

„Sie duschen ohne Handtuch?"

„Das tue ich immer."

Die Frau lässt mich nicht aus den Augen, dann tippt sie den Betrag in die Registrierkasse und wurschtlt den Bon durch den Sprechschlitz. „Sie werden von mir kein einziges Foto machen."

Ich betrete das Allerheiligste. Ein langer Gang.

„Rechts die Männer, links die Frauen. Toilette ums Eck." Wie aus dem Nichts steht die Zerberussin hinter mir. Rückzug ist nicht mehr.

„Haben Sie eine Seife?", frage ich und ohne die Antwort. Die Alte sieht mich einfach nur feindselig an.

„Einundzwanzig." Sie schließt eine Stahltüre auf.

„Helfen Sie mir beim Ausziehen?"

Ich war schon mal besser.

„Wenn Sie in einer Stunde nicht draußen sind, hol ich Sie höchstpersönlich raus."

„Was soll ich eine Stunde da drinnen tun?"

„Duschen."

Die Frau wendet sich um und schlurft den langen Gang entlang. Ich blicke ihr nach und höre, wie sie hinter der Ecke stehen bleibt. Ich fühle mich plötzlich sehr einsam. Nirosta. Der winzige Raum ist nach oben hin ausbruchsicher vergittert. Aus der Zelle neben mir höre ich ein Geräusch. Ich beuge mich hinunter und sehe durch den Bodenschlitz ein Paar Gesundheitsschuhe, darin die Person von vorhin. Ich entkleide mich und stelle mich unter Dusche einundzwanzig. Lange. Der Strahl ist dünn. Offenbar ist in den oberen Stockwerken gerade Wasserverbrauch angesagt. Im Sechzehnten hat sich nicht viel verändert. Ich versuche mich anzuziehen, was gar nicht leicht ist, denn die Kleider wurden ordentlich gewässert (der Haken ist unmittelbar neben der Brause angebracht). Vorsichtig öffne ich die Türe. Der weiße Mantel sieht mich feindselig an.

„Und? Haben Sie fotografiert?"

„Ich habe geduscht."

„Brav", sagt die Wärterin und wischt mit einem

Das Nirosta-Paradies

Schrubber die Bodenfliesen entlang.

„Ich gehe jetzt", sage ich. Tröpferlnass.

„Sie können noch bleiben. Fünfzig Minuten haben Sie noch."

„Wofür?", frage ich.

Die Frau lächelt ein zahnloses Lächeln. „Zum Tratschen. Weshalb kommen die Leute sonst hierher?"

5 x Spaziergänge

Flieder-Wahnsinn:
Friedhof St. Marx,
Leberstraße 6, 1030 Wien

Übers Kopfsteinpflaster:
Stammersdorfer Kellergasse,
1210 Wien

**Schönste Aussicht über
die Stadt:**
Wienblick Baderwiese,
Lainzer Tiergarten, 1130 Wien

Weinberg-Weg:
Rund um das Kahlenbergerdorf
führt eine Vielzahl von schönen
Spazierwegen quer durch die
Weinberge, 1190 Wien

**Wo im Frühjahr die
Adonisröschen blühen:**
Himmelswiese Mauer,
Rysergasse 39, 1230 Wien

5 x Beisln

Urigster Heuriger:
Die blaue Nos'n, Johann-Staud-
Straße 9, 1160 Wien

Bester Fernöstler:
Umami, Lerchenfelder Straße
88–90, 1080 Wien

Bestes Wirtshaus:
Zum alten Beisl, Rotenhofgasse 4,
1100 Wien

Bester Fisch-Dalmatiner:
Restaurant Split, Hetzendorfer
Straße 165–187, 1130 Wien

Bestes Frühstück:
Teehaus Haas & Haas,
Stephansplatz 4, 1010 Wien

Nennt mich Ishmael

**Mohrenberger Alm I, Fehnerweg 40 &
Mohrenberger Alm II, Kaisersteig/Leopold-
Figl-Promenade, 2380 Perchtoldsdorf –
eine Nase lang außerhalb von Wien**

Dem Paradies nähert man sich peu à peu an. Entdecken macht Spaß. Zu allem entschlossen wage ich mich ein paar Zentimeter aus dem südlichen Liesing heraus. Und schon geht's los. Überall lauert Skurrilität. Ein Dorf mit drei Namen: Perchtoldsdorf. Oder Petersdorf. P'dorf geht auch. Wo gibt's denn so was? Ich setze meine Zehenspitzen vorsichtig vor die Stadtgrenze. Ganz wohl ist mir dabei nicht, das muss ich zugeben, aber: „Das Hemd gehört zur Hose wie die Schuppe zum Fisch", sagt eine alte Weisheit, und die muss es wissen. Lieblingsheuriger ist Lieblingsheuriger. Der Durst lenkt die Schritte in Richtung Weinberge, die hier bis hinauf nach Gießhübl reichen, oder bis nach Brunn, oder, weiter südlich, bis Rodaun. Dort wird's wieder heimisch, denn der 60er schert um die Kurve und von da geht's directement zu den Achterln, deren es zwar innerhalb der Stadtgrenze jede Menge gibt, aber die Lust

Ein Ort des Rückzugs

Rund um die Mohrenberger Alm I

nach dem „Ausland" lässt einen Reisenden wie mich ein-fach nicht los.

Heute will ich nichts entdecken, heute bin ich privat unterwegs. Ich wandere also in Richtung Heide, vorbei an der Region der Ziesel und Heidschnucken und tapse als-bald durch das Unterholz schmaler Waldwege. Ein Wigwam steht da. In welchen Film bin ich geraten? Menschen im Zelt? Nix da. Das Tipi ist leer. Daneben ein Gittertor. Auf ei-nem Zettel steht „Eintritt erlaubt", ich trete ein. Zu meiner Rechten befindet sich ein Holzschuppen, anschließend da-ran ein Knusperhäuschen. Oben, unter dem Giebel, hängt ein blaues Schild: „Mohrenberger Alm". Wie jetzt? Eine Holzterrasse. Niemand zu Hause. Ich öffne die Türe. Muf-fig. So mag früher eine Heurigenschank ausgesehen ha-ben. Wackelige Stühle, ebensolche Tische. Ein Kühlschrank.

„Selbstbedienung" steht darauf, darunter, schon etwas verblasst, „Öffne mich". Ich öffne dich. Drinnen liegen ein paar Flaschen. Es ist da, was da ist: Neuburger, Weißburgunder, ein paar Schnäpse, Fruchtsäfte. In der unteren Etage ein Stück Speck, Aufstrich, Käse vom Schaf und von der Kuh, unter einem Fliegensturz, ein Laib Brot.

„Eins fünfzig." Hinten bei einem Fenster, dessen Laden geschlossen ist, hockt ein alter Mann. Ich erschrecke. „Ich habe Sie gar nicht gesehen", sage ich. „Ich weiß", sagt er. Er hält ein Glas in der Hand und sieht mich unverwandt an. Ich nehme ein Stück Käse (von der Kuh), eine Scheibe Brot und bediene mich vom Neuburger, dann gehe ich auf die Terrasse hinaus. Der sonnige Spätsommertag strahlt noch genug Hitze ab, weswegen ich mich in den Schatten setze. Von hier aus hat man eine prächtige Aussicht über die Heimat, das südliche Wien. Weinberge, Hügel, gedrungene Häuser. Peripherie. Trotzdem ich mich nur ein paar Meter aus der Stadt hinausgewagt habe, verspüre ich bereits Sehnsucht nach ihr.

Das Glas ist beschlagen, der pitschkalte Weißwein schmeckt nach Niederösterreich. Ich öffne mein Notizbuch und beginne zu schreiben. Die zweite Auflage meines Reisebuches *Von Träumen und Schiffen* steht an und ich möchte noch ein paar Texte korrigieren. Gerade gehe ich an Bord des Frachtschiffes *MS Karina*. Auf diese Fahrt hatte ich mich schon lange gefreut, die Reise ging hoch hinauf in den Norden, in Richtung Mälaren-See. Sie sollte mich noch viel weiter führen – bis hin zu meinem längst verstorbenen Vater. Nur wusste ich das anfangs noch nicht. Ich arbeite und vergesse dabei die Zeit. Das Glas ist längst leer. Wind kommt auf, mich fröstelt.

„Ich bin jeden Tag hier." Der Alte steht offenbar schon längere Zeit hinter mir. Ich habe gerade keine Lust auf

Unterhaltung, ich will lieber meinen eigenen Gedanken nachhängen. Als ich das nächste Mal aufblicke, sehe ich ihn den Weingarten hinuntersteigen. Er nimmt den Weg, der an den Reben vorbeiführt und am Fuße der Weinberge hinter den ersten Häusern verschwindet. Ich gehe nach drinnen. Der Alte hat mir offenbar eine Botschaft hinterlassen, denn auf dem Kühlschrank steht, mit Filzstift gekrakelt: „Nennt mich Ishmael".

Der Bioweinbauer, Bastler und Baumstutzer Ernst Mohrenberger betreibt noch ein weiteres Juwel: Die *Mohrenberger Alm II*, drüben, ein paar Schritte vom 60er entfernt. Am Weg zur Elektrischen mache ich auch dort noch halt.

Wer wissen will, wie sich ein Heuriger anfühlt, muss genau dort hin. Ein paar Radeln Wurst, Liptauer, Sardellenringerln. Wein sowieso. Ich sitze in einem Holz-Salettl, das jeden Moment einzustürzen droht und einem Motiv des Alt-Wien-Malers Franz Barbarini gleicht, und denke mit Wehmut, dass es Orte wie diesen einfach nicht mehr gibt. Dürfte es eigentlich auch nicht, aber der schlaue Herr Mohrenberger hat die Holzhütte auf einen fahrbaren Untersatz gestellt, um den Magistratsrittern, die die Keusche am liebsten abgerissen sähen, zuvorzukommen. Dazu müsste sie aber auf Grund und Boden verankert stehen. Der Don Quijote von P'dorf ficht seine Windmühlenkämpfe schon lange aus. Noch steht das Juwel. Mein Blick streift erneut über die Weinberge, diesmal hügelaufwärts. Zwischen den Reben taucht eine Figur auf, deren Gang ich kenne: der Alte von vorhin. Er bleibt an meinem Tisch stehen und legt zwei Münzen vor mich hin. Eins fünfzig.

„Das Achtel geht auf mich. Du schreibst übers Meer." Sagt's und verschwindet in Richtung 60er.

5 x Wiener Märkte

Märkte gibt's in jedem Grätzl, man muss nur wissen wo ... zum Beispiel den Flohmarkt an der Kettenbrücke, *Hannovermarkt* im 20., *Volkertmarkt* zwischen Prater und Augarten, *Viktor-Adler-Markt* im 10. und *Yppenmarkt* im 16. Hieb.

5 x Einkaufen

Im Zweiten kauft man die besten Hendln am Karmelitermarkt, Stand 58 bei *Tubic Geflügel*. Die besten Hamburger Fischbrötchen isst man im *Wulfisch*, Haidgasse 5, 1020 Wien. Venezianisch/Triestinisch bekochen lässt man sich von Bestsellerautor Wolfgang Salomon in der *Spezerei*, Karmeliterplatz 2, ebenfalls im Zweiten. Den besten Käse besorgt man in der *Lingenhel Käserei*, Landstraßer Hauptstraße 74, 1030 Wien. Der frischeste Fisch wartet bei *Umarfisch* am Naschmarkt, gleich neben der Secession.

Niederösterreich

Kleines großes Land

Gedanken über Niederösterreich

Mit seinen knapp zwanzigtausend Quadratkilometern ist das Land an, oberhalb und unterhalb der Donau das größte der österreichischen Bundesländer. Dafür kann man sich nichts kaufen, würde der Wiener sagen. Und doch. Ein bisschen Respekt darf schon sein. Im Bundesland Wien ist man, kaum dass man drin ist, auch schon wieder draußen. Von Niederösterreich aber bekommt man nicht genug. Der Semmering, das Schremser Moor, Drosendorf und Hainburg, Baden, Armschlag, der Wagram und Mariazell. Unterschiedlicher geht nicht. Alles wird von der Hauptstadt aus regiert, in Erbpacht gewissermaßen. Und gar nicht schlecht. Der keine fünfhundert Meter außerhalb der Bundeshauptstadt und ein paar hundert Meter innerhalb des blau-gelben Landes beheimatete neo-niederösterreichische Reisende darf das schon sagen. St. Pölten ist das Maß der Dinge. Nähert man sich der Stadt per A1, sieht man allerdings nichts als Scheuklappen. Schallschutzwände nehmen die Sicht auf mehr. Wie kam die Stadt zu ihrem reichlich seltsamen Namen? Und wer, in Prölls Namen, ist der heilige Pölten? Niemand. Hinter dem Namen verbirgt sich die Mutation des Namens Hippolyt. Der Mann wurde um 170 nach Christus im griechischsprachigen Osten des

Römischen Reiches geboren, war Schüler des Irenäus von Lyon und wurde einer der wichtigsten Kirchenväter seiner Zeit. Nach seinem Job als „leitender Geistlicher" in Rom machte er prompt Karriere: Er wurde Bischof und später dann, auf Sardinien, Märtyrer.

Einem bayerischen Kloster oblag es, die ersten Reliquien zu beherbergen. St. Hippolyt wurde eine Filiale des Tegernseer Klosters, der Heiliggesprochene sein Patron. Im Spätmittelalter errichtete man anstelle des Hippolyt-Altars in der heutigen Kirche des Dompfarramts von Pölten einen Marienaltar, die Stifts- beziehungsweise Domkirche ist seither Maria Himmelfahrt geweiht. 1785, bei Errichtung der Diözese, wurde quasi als Wiedergutmachung just jener Hippolyt zur ewigen Lichtgestalt erwählt. Und noch eine Ehre wurde ihm zuteil: Nebenberuflich arbeitet er seither als Patron der niederösterreichischen Gefängniswärter und Pferde – den Namen Hippolytos trägt man schließlich nicht umsonst.

Schlendern Sie ruhig einmal hocherhobenen Hauptes durch die Hauptstadt, so empfiehlt es sich nämlich hier durch die Gassen zu gehen. Vor kurzem beschlossen Stadt- und Landväter, der schlummernden Schönheit ein Facelifting zu verpassen. Fassaden, Firste, Fenster – allerorten wurde gehobelt, geglättet, gezupft und zurechtgemacht. Und (beinahe) alle alten Backen glänzen wieder wie neu: Die Biedermeier- und Jugendstilhäuser der Innenstadt erstrahlen in glatter Pracht. Und erst der Bezirk jenseits der Traisen! Hier entstand Zeitgemäßes: modernes Bauen für Landtag und Kunst. Dass sich Politik und Kultur so friedvoll aneinanderkuscheln, ist beinahe schon bedenklich. Könnte sein, dass die Macht der Kunst die Luft nimmt, so eng hat sie sie an ihren Busen gequetscht. Das Gegenteil ist der Fall. Theaterleute und Musiker, Skulpteure, Maler, Dichterfürsten und „Freischaffende" aller künstlerischen Couleurs treffen in Niederösterreich auf offene Ohren. Hier wird vieles ermöglicht. Nicht umsonst findet in der „schönen" Jahreszeit, wenn allerorts Platzregen übers Land ziehen, an jeder Milchkanne ein Festival statt. Theater, Oper, Lesungen, Konzerte, Vernissagen. Hinter jedem Gebüsch verkauft man Tickets, und die Künstler, ausgelaugt und mit hängender Zunge aus der Wiener Saison kommend, machen einen drauf und spielen mit großer Geste und rollenden Augen gegen Gelsen und Gewitter an.

Das Land hat eine ganze Menge Sehenswertes in seinem Körbchen. Auch Hörenswertes, Lesenswertes. Vieles davon war mir unbekannt, vieles war es wert, entdeckt zu werden. Kulturelles Selbstverständnis nimmt Verunsicherung und Angst vor dem Unbekannten. Es lebt sich leichter in einer Gesellschaft, in der sich Kunst und Kultur entfalten können.

Heimito von Doderer, der Rätselhafte, bewohnte den Riegelhof in Prein an der Rax. Das Haus steht immer noch an seinem niederösterreichischen Platz. Ein Zitat des „Majordomus der Apperzeption" gefällig? „Wer nicht ganz klein war, der kann nie ganz groß werden. Das gilt für das männliche Glied genauso wie für die persönliche Entwicklung eines Menschen." Was ist dem noch hinzuzufügen?

Ein kleines Stück Freiheit

**Strombad Kritzendorf, Rondeau 30,
3420 Klosterneuburg**

„Lido di Crido" steht auf einer Vereinstafel am ausladen-den Eingang zum Bad. Es könnte auch stehen: „Riviera an der Donau", „Kritz-les-Bains" oder „Gelsenstadt". Auch „Kratzendorf" würde stimmen. Der Ort an der Donau hat eine bewegte Vergangenheit am Buckel. Hier ging die Crème de la Crème der Wiener Gesellschaft aus und ein, baute Villen oder ließ bauen, feierte, badete – und kratzte sich. Kritzen-dorf stand seit jeher als Synonym für lästige Plagegeister, die sommersüber Nackerpatzln überfielen, um sich an ihnen zu delektieren. Hier lagen sie alle, die Reichen und Schönen der Zwischenkriegszeit, die jüdischen Bankiers, die Künstler, die Textil- und Wurstfabrikanten. Im Strandpavillon gaben die Wiener Symphoniker ihre Sommerkonzerte. Torberg schrieb darüber in der *Tante Jolesch* und Hermann Leopoldi sang „Komm mit nach Kritzendorf, wo jeder mit mir schwitzen dorf". Die Freude der Wiener schien grenzenlos und ewig.

Und irgendwann war Schluss mit lustig. Dunkle Wol-ken zogen auf und mit ihnen kam das braune Gesindel.

Quer durch die Promenaden, Alleen und Gartenzeilen wurde arisiert. Badehäuschen und Villen gerieten unter die
Hufe der über sie hinwegfegenden apokalyptischen Reiter-
horden. Plötzlich reckten die Parteigenossen und ihre fett-
gefressenen Nazi-Weiber ihre Schmerbäuche in die Sonne,
man protzte und prahlte, indes die rechtmäßigen Besitzer
enteignet, außer Landes gejagt oder getötet wurden. Der
braune Hochwasserspiegel gärte zwischen Kabinen und
Kabanen und eine widerlich stinkende Brühe überzog das
Strombad mit einer undurchdringlichen Schlammschicht.
Die Kloake stieg den Kritzendorfern bis zum Hals und
spülte jenen Urschleim hoch, der über Jahre das ganze Land
überzog. Ein Sozialist namens Hans Reif, provisorisch-
örtlicher Badeverwalter, erschien am Horizont des frühen

In Kritz-les-Bains steht die Zeit still.

Nachkriegswien und begann in einer beispiellosen „Rückarisierung", die Hütten an ihre ursprünglichen Besitzer zu retournieren. Doch nur die wenigsten Juden wollten oder konnten in ihre Heimat zurück. Die Zeit hatte sie überlebt.

Seit 1977 ist das Areal wieder frei zugänglich. Irgendwann wurde der Rondeau-Platz, Epizentrum der Anlage, renoviert und in seine ursprüngliche Form zurückgebaut. Seither versprüht das Strombad wieder jene seltsam nostalgische Atmosphäre, derentwegen schon unsere Großeltern hier ihre Sommerflirts suchten. „The party goes on", als wäre hier nie etwas anderes passiert. Wieder zieht die Strandwiese an schönen Wochenenden unzählige Besucher aus der Großstadt an. Und alles kratzt wieder an den lästigen Insektenbissen herum, schwimmt gegen den Strom und genießt die wunderbar schöne Aulandschaft.

So auch ich. Ich spaziere an den Pfahlhäusern vorbei, spähe über Zäune, nicke den schrebergrantelnden Kleingärtnern zu und beobachte, wie sie an den noch blattldürren Ligusterhecken herumschnipseln, Tulpen jäten und Ribiseln düngen – und freue mich des Lebens.

Ein Häuschen sticht mir ins Auge. Es sieht aus wie ein hölzerner Donaudampfer, mehr hoch als breit. Der Oberstock gleicht einer Kapitänsbrücke, vom Balkon wehen blaue Sonnensegel, als wollte das kleine Haus die nächste Brise nutzen und sich hinaustragen lassen auf hohe See. Oben auf der Kommandobrücke taucht eine Frau auf. Sie winkt mir zu.

„Nehmen Sie sich ruhig, was Sie mögen!"

Erst jetzt bemerke ich den Korbsessel, der auf dem Treppelweg vor dem Grundstück steht. Ein paar Bücher liegen da, offenbar soll überschüssiger Ballast abgeworfen werden. Das sagt man mir nicht zweimal. Ich greife zu. Den Einband des Buches ziert das Bild eines fußballspielenden Jungen. Ich beginne zu blättern. Es handelt sich um die Geschichte eines palästinensischen Buben, der in Ramallah unter israelischer Militärbesetzung lebt. „Die Kinder in diesem Buch stehen für all jene, die unter solchen Bedingungen leben müssen und es dennoch schaffen, erwachsen zu werden",

Schottis Niederösterreich-
Extra-Tipps

Thermen:
Untertauchen in den Heilquellen der Kurstädte Baden und Vöslau

Am Wagram:
Im Lössboden gedeihen die besten Rieden des Landes.

steht da. Jetzt erst lese ich den Titel. Er lautet: *Ein kleines Stück Freiheit*. Die Frau am Balkon ist verschwunden. Ich kann mich nicht mehr bedanken für das Geschenk. Ich werde das Buch behalten, es bekommt einen Ehrenplatz in meiner Bibliothek. Es erzählt vom Überleben. Das richtige Buch am richtigen Ort.

Der Büffelkäser

Hofkäserei Robert Paget, Kirchenweg 6, 3492 Diendorf am Kamp

"Den Tieren geht's gut, wenn's dem Robert gut geht". Sagt's und verschwindet im Stall. Es ist kurz vor knapp, und die Büffel müssen gemolken werden. Nebenan liegt die kleine, aber feine Käserei. Hier steht alles in Reih und Glied, geputzt und edelstahlstrahlend: Kannen, Wannen, Trichter, Kübel, Schläuche und Siebe. In den Kesseln dampft es, die noch warme Milch wird erhitzt. Das Reich des Meisters, des Büffelkäsers Robert Paget, den man „Petschet" ausspricht und keiner weiß warum. Er selbst? Ich glaube, nicht einmal er. Der Kaiser von Diendorf schenkt ein Glas eiskalten Weißen ein, und der Besucher badet im Glück wie der Mozzarella in der Molke.

Die Geschichte von Herrn Paget ist eine besondere: Biologiestudium zu einem Zeitpunkt, als stramme 68er auf der Straße waren. Das war er auch. Seine Straße aber führte die Hügel hinauf und hinunter. Er ging hinaus in die Natur, kunstsinnig wie er war, wollte er die Welt verbessern. Das tat er auch. Er kaufte eine Ziege. Ab nun gab es ein tägliches Ritual – melken. Paget lernte mit dem ewig Gleichen umzugehen. Täglich stand und steht er um dieselbe Zeit an der Zitze.

Der mit den Büffeln tanzt

„Man kann nicht sagen, heute stehe ich nicht auf und fahr'
weg. A Ziege is a Ziege." Da hat er recht. Bald schon verfünf-
undzwanzigste er das tägliche Pensum. Die Herde ward zufrieden. „Dem Robert geht's gut, wenn's den Tieren gut geht".
    Dann kam der Büffel. Aus Italien. Paget träumte den
Mozzarella-Traum. Aber die riesigen Tiere milchten nicht.
Und die Durststrecke war lang. Jahrelang. Paget hielt durch.
Er begann den Tieren das perfekte Umfeld zu schaffen. Sein
Hof in Diendorf, den er mit viel Liebe und noch mehr kör-
perlichem Einsatz aufgebaut hatte, bot den Zottlern alles,
was das Büffelherz begehrte. Dachte er. Aber der Nachwuchs war störrisch. Paget versuchte es mit Musik. Immer
wenn er im Stall werkte, wummerten die Bässe. Stones, Bo-

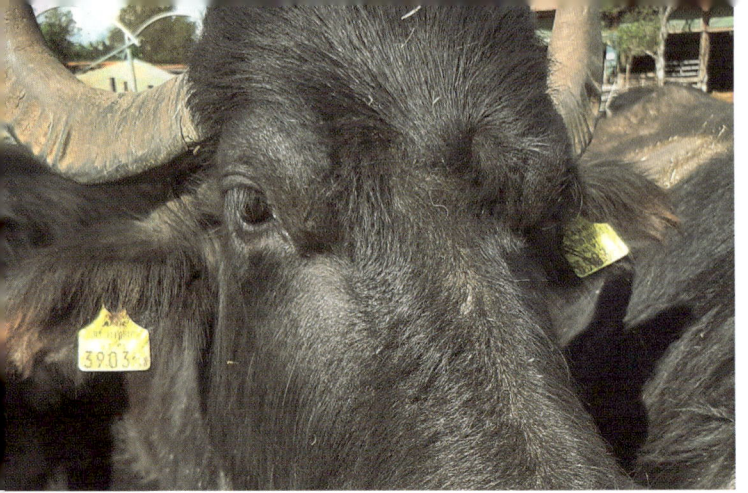

wie, Richard Strauss. Immer die gleichen Lieder. Abwechslung mögen Tiere nicht. Der Ziegen- und Büffelhalter
verzweifelte, aber er hielt an seiner Vision fest. Es musste
möglich sein: Büffelmilch vom Wagram.

Und eines Tages war es so weit. Der erste zarte, lauwarme
Strahl Milch. Die Büffel waren bereit. Mensch und Tier gingen eine kohärente Verbindung ein, die er selbst, Paget, nicht
mehr für möglich gehalten hätte und die letztlich seiner Kon-
sequenz, vulgo Durchhaltevermögen, vulgo Beharrlichkeit,
oder einfach gesagt Sturheit, zu danken war.

Seither stellt Käser Robert, der Büffel-Monarch von
eigenen Gnaden, in seinem Diendorfer Paradies feinsten Käse aus Büffel- und Ziegenmilch her. Seine Produkte
zeichnen sich durch höchste Qualität aus. Er beliefert erste
Adressen – vom *Steirereck* bis zum *Loisium*, von *Lingenhel*
bis zum *Schwarzen Kameel* –, hält Kurse und Seminare, ist
an unzähligen Sozialprojekten (in Indien) beteiligt. Robert Paget wurde zur sakrosankten Instanz seiner selbst.

Die Bio-Produkte des Mannes, der den Büffeln die Musik beibrachte, sind buchstäblich in aller Munde. Dazu zählen Joghurt, Camembert, Frischkäse und in kleinen Mengen Fleisch vom Büffel und von der Ziege. In den „Slow-Food-Adel" aber wurde Robert Paget vor allem aufgrund seines herausragenden Büffelmozzarellas, den er von Mai bis Oktober herstellt, aufgenommen. Was bedeutet ihm, dem nicht als Kostverächter bekannten Genius, Genuss?

„Bewusster Umgang mit Lebensmitteln und ein gewisser Überraschungseffekt im Geschmack. Man soll nie genau wissen, wie das jeweilige Nahrungsmittel tatsächlich schmeckt. Wichtig ist die Neugier. Dadurch entsteht ein geschmacklicher Freiraum, der vom Können des Lebensmittelherstellers und von verschiedenen Umwelteinflüssen mitgestaltet wird."

Um den Käsegenuss noch zu steigern, hat Paget, abhängig von der Sorte und der Jahreszeit, regionale Spezialitäten parat: knackfrische Paradeiser, Marillen-Chutney und vieles andere mehr, vor allem aber hervorragendes, kalt gepresstes Olivenöl.

Wovon er träumt? Von seinem nächsten Projekt. Paget wäre nicht Paget, hätte er die Pläne dafür nicht schon längst im Kopf: eine auf Qualität ausgelegte energie-autonome Käserei, untergebracht und eingerichtet in einem fahrbaren, goldfarben ang'hiaslten Container. Der Käser aus Diendorf wird auch das zustande bringen. Er wird die Genusswelt um eine weitere, unverwechselbare Idee bereichern. Paget wird seinem Ruf treu bleiben, dem des ungekrönten Büffelkäsers Robert I., Herrscher dero zotteliger Gnaden, aus dem apostolischen Wagramer Erbpachtland zu Löss, im allerhöchsten Dienst seiner Kunden stehend, ergebenster Diener nochamoi!

Niederösterreich-TIPPS

Wohin zum Essen

Gutbürgerliche Küche:
Kartausen-Café, Hauptplatz 1,
3001 Mauerbach

Mohn-Wahnsinn:
Mohnwirt Neuwiesinger,
Armschlag 9, 3525 Sallingberg

Dorfwirtshausessen:
Gasthaus zu den Linden,
Hauptstraße 52, 2531 Gaaden

Aufstriche zum Abwinken:
Veigl-Hütte, Am Oberen
Beethoven-Wanderweg,
2352 Gumpoldskirchen

Heurige links und rechts:
Kellergasse, 3483 Feuersbrunn

Kreuz und quer

Nationalpark Thayatal:
Naturjuwel im hohen Norden
Österreichs

Froschweg Kaumberg:
Runde über vier Hügel im
Triestingtal

Kreuzweg am Mariahilfberg:
auf den Gutenstein'schen Spuren
von Ferdinand Raimund

Kopf hoch in St. Pölten:
Stadtspaziergang durch die
schlafende Schönheit

Schneeglöckerl-Paradies:
die blühenden Auwälder um
Schloss Orth a. d. Donau

Der Ybbstalradweg

Lunz am See – Ybbs an der Donau

Freiheit, Frischluft, Fahrrad. In die Pedale zu steigen, gehört zu den beliebtesten Freizeitbeschäftigungen von Familie Faulpelz, geborene Österreicher. Der Reiz der Fortbewegung liegt darin, die Natur ohne allzu große Anstrengung mithilfe der eigenen Muskelkraft zu erfahren. Für Freizeitradler ist das Naturerlebnis ein zentrales Kriterium. Die Umgebung mit allen Sinnen wahrnehmen und genießen. In Europa gibt es, kreuz und quer über die Länder verteilt, zehntausende Kilometer Radwege, eine Vielzahl davon auf ehemaligen Bahntrassen, die sogenannten „Grünen Wege". Die Routen führen meist brettleben und schnurgerade durch die Landschaft. Vom Fahrrad aus kann man in Ruhe und ohne jede Behinderung (außer die der eigenen Faulheit) die Natur genießen. Der Verkehr beschränkt sich auf entgegenkommende Radler, die Kreuzungen mit Straßen werden zumeist durch spektakuläre Tunnels oder Brücken vermieden, an den Strecken finden sich Fahrradshops, Radlertreffs und Biker-Hotels, die die Reise entlang der Grünen Wege zu einem schrulligen Erlebnis machen.

Die Art der Räder mag sich ändern, das Radfahren selbst ist zeitlos – und gesund: Durch Bewegung erhöht sich die Herzfrequenz, die Blutgefäße dehnen sich. Lange Fahr-

Immer an der Ybbs entlang – Radtour im Mostviertel

ten entspannen, Endorphine schenken Glücksgefühle, der nächtliche Schlaf gewinnt an Qualität. Rad fahren ist ein gelenkschonendes Training und – man nimmt ab! Zehn Minuten Radfahren verbrennen knapp hundert Kalorien, für eine Portion Schweinsbraten mit Knödel und Krautsalat heißt's eine Stunde lang strampeln. Zudem fördert das Radeln die Durchblutung des Gehirns, mehr Sauerstoff gelangt ins System, man wird g'scheiter. Regelmäßiges Training hilft, Muskeln aufzubauen. Darüber hinaus ist Radfahren jederzeit und überall möglich, es fördert den sozialen Kontakt, schenkt ein wunderbares Gefühl von Freiheit, baut Stress ab und füttert das System mit ausreichend Vitamin D. Überzeugt?

In Österreich blüht ein reiches Bouquet an Radwegen. Einer der schönsten ist der Ybbstalradweg, *das* Highlight im Mostviertler Radnetz. Familienfreundlich, sicher und abwechslungsreich. Vom Bergsee bis zur Donau: hundertsieben Kilometer Natur. Die schönste Etappe liegt zwischen Lunz am See und Waidhofen an der Ybbs.

Die Strecke folgt der Trasse der einstigen Ybbstal-Bahn, ein Gesamtkunstwerk aus aristokratischer Streckenfüh-

Im „Braubogen": Man nimmt, was man nimmt.

rung und spektakulärer Landschaft. Man fährt über Rundbogenbrücken und durch Tunnels, durch eine atemberaubende Schlucht, macht Rast an verschwiegenen Sandbänken des mäandernden Flüsschens und nimmt ein kühlendes Bad im kristallklaren Wasser. Eine besondere Schönheit liegt gleich am Beginn der Route: der verwunschen-geheimnisvolle Lunzer See. Das Etappenende ist die romantische Stadt Waidhofen, ein Juwel an Kultur und Bodenständigkeit. Im Schloss Rothschild begegnen sich Vergangenheit und Gegenwart, Tradition und Innovation: Museum und Party-Location, Kulinarik und Konzert. Selten vereinigt ein Gebäude so viele verschiedene Angebote unter einem Dach. Und heiraten kann man hier auch. Aber man muss ja nicht von allen Angeboten Gebrauch machen – Radler sind Einzelgänger, sie kochen ein eigenes Süppchen.

Proviant wird unterwegs besorgt. Rast in Hollenstein und rein in den Bauernladen *Braubogen*. Es ist eines jener Projekte, von denen man denkt, dass man sie eigentlich gar nicht erfinden müsste, einfach weil es sie schon ewiglich gibt. Bedienung braucht's hier keine. Katharina Hinterreithner sperrt um sechs Uhr in der Früh auf, um zehn Uhr abends zu. Der Kunde nimmt, was er braucht. Hier gibt es nichts, was es nicht gibt: Bauernprodukte, Wildfleisch, Naturkosmetika, Säfte und was nicht alles. Bezahlt wird auf

Fair-Pay-Basis. Ich kaufe mein Picknick, das ich wenig später auf einem der Rastplätze verzehren möchte. Katharina steckt ihre Nase in den Laden. Ich frage nach der Geschäftsidee. Sie sieht mich zweifelnd an.

„Ich habe keine Idee. Man nimmt, was man nimmt."

Ich sage: „Und wie bezahlt man?"

„Mit Geld."

„Und wenn einer zu viel nimmt und zu wenig zahlt?"

„Kommt nicht vor", sagt sie. „Außerdem weiß ich's ja nicht. Ich bin selten da."

Freiwilligkeit ist eine nahe Verwandte der Ehre. Geschummelt wird nicht. Die Hinterreithnerin glaubt an das Gute. So simpel kann Leben.

Niederösterreich-TIPPS

Kultur pur

hinundweg:
Tage für zeitgenössische Theaterunterhaltung, 3874 Litschau

Filmhof Wein4tel:
Kulturzentrum für Theater/Kabarett/Film, 2151 Asparn/Zaya

Hermann Nitsch Museum:
ein Muss für Nitschologen, 2130 Mistelbach

Festspielbezirk:
moderne Architektur für Kunst und Politik, 3100 St. Pölten

Kultur.Sommer.Semmering:
Literatur & Musik à la Belle Époque

Das Wasser

Im Höllental zwischen Rax und Schneeberg

Der Weg führt über Stock und Stein, immer die Schwarza entlang. Rechts von mir gipfelt der Schneeberg, ein markantes Bergmassiv, dessen Steilflanken über zweitausend Meter aufragen. Links hinter mir liegt die nur wenige Meter niedrigere Rax. Die Wiener Hausberge sind nicht zu übersehen. Getrennt werden die beiden Felsgiganten durch ein Tal, das seinen Namen zu Unrecht trägt: das Höllental. Der Weg, den ich gehe, ist einer der schönsten und spektakulärsten im Nahbereich Wiens. Mal führt er über Steige und Leitern an Felswänden entlang, dann geht's hinunter zum Flüsschen, über eine Hängebrücke ans gegenüberliegende Ufer, über Waldwege und Pfade, hinauf und hinunter, links und rechts der Bundesstraße, geradewegs in Richtung „Hölle". Und irgendwann ist sie dann erreicht, bloß, dass sie hier einen profaneren Namen trägt: Kaiserbrunn.

Genau hier ist vor bald dreihundert Jahren Kaiser Karl VI. während eines Jagdausfluges vom Pferd gestiegen und hat einen Humpen herrlich kühlen Quellwassers getrunken. Die Jagd hat ihn erschöpft. Auch das ewige Regieren. Immerhin hat er ein paar kraftraubende Jobs umgehängt bekommen, von denen er sich hier, in den niederösterrei-

Der erste Wiener Wasserleitungsweg

chischen Rocky Mountains, erholte. Er war nicht nur Kaiser von Österreich, sondern unter dem Namen Károly III. König von Ungarn und Kroatien, als Karel II. König von Böhmen, als Carlos III. Gegenkönig von Spanien, als Carlo VI. König von Neapel und, nach dem Frieden von Utrecht, zum Drüberstreuen auch noch Doppelkönig von Sardinien und Sizilien. Da kann man sich schon mal einen Schluck gönnen. Es blieb nicht bei dem einen. Da ihm das kühlende Nass so gut schmeckte und es zudem auch sein kaiserlicher Haus- und Hofarzt für besonders gesund befand, ließ er es durch eigens bestellte „Wasserreiter" nach Wien bringen. Bei Kaisers gab's ab diesem Zeitpunkt nichts anderes zu trinken als Wasser aus dem Schneeberggebiet.

Weitere hundertfünfzig Jahre später, der nächste Coup: Franz Joseph I., Sisi-Bevollmächtigter des nachkriegsösterreichischen Kinounwesens, ließ sich nicht lumpen und machte der Wiener Bevölkerung anlässlich der Eröffnung der Ringstraße ein imperiales Präsent: Die Kaiserbrunnquelle, die einst sein Ur-Ur-Uropa entdeckte, wurde per Schenkungsvertrag der Stadt Wien überantwortet. Noch heute ist die ferne Hauptstadt Eigentümerin des nach ihr benannten „Wiener Wassers". Der Engländer Antonio Gabrielli wurde mit der Fassung der Quelle und dem fünfundneunzig Kilometer langen Tunnelsystem, das in stetigem Gefälle in Richtung Endverbraucher führt, beauftragt. Zwar kam eine zweite und dritte Wasserleitung hinzu, das vom gelernten Büchsenmeister und siebenfachen Regenten Karl entdeckte Wasser aber sprudelt auch heute noch und erfreut die durstigen Wiener wie am ersten Tag.

Die feierliche Eröffnung der I. Wiener Hochquellenwasserleitung fand am 24. Oktober 1873 beim Hochstrahlbrunnen am Schwarzenbergplatz in Wien statt. Das Tunnelsystem kostete sechzehn Millionen Gulden (für den Monarchen nicht mehr als ein paar Netsch) und wurde als Rettung vor Wasserknappheit und Seuchen gefeiert. Entlang der Strecke baute man dreißig Aquädukte. Heute werden pro Tag zweihundertzwanzig Millionen Liter aus der „Hölle" nach Wien zum Wasserschloss am Rosenhügel befördert.

Erschöpft erreiche ich die Quelle. Der Tag ist heiß. Sehr heiß. Ich nehme einen Schluck aus meiner Flasche. Es schmeckt schal, lauwarm sowieso. Ein Arbeiter nähert sich dem grün gestrichenen Tor des Wasserschlosses. „Kann man hier einen Schluck Wasser trinken?", frage ich.

„Nein."

„Ist das hier nicht die Quelle der Wasserleitung?

Wasserschloss: Von Kaiserbrunn gelangt das Wasser bis nach Wien.

Ich komme aus Wien, bin durch die Hölle gegangen und dementsprechend durstig."

„Dann trinken S' halt an Schluck", sagt der muffige Typ, auf dessen blauem Overall die Aufschrift „Wiener Wasser" prangt.

„Ich würde gerne. Bin ich nicht hier an der Quelle?"

„Ja, aber des Wossa is für Wien und ned für Ihna."

„Ich komme aber aus Wien."

„Dann fahren S' z'ruck und trinken S' dort an Schluck."
Der Mann steigt in seinen Dienstwagen und weg ist er.

Ich gehe den gleichen Weg über Stock und Stein zurück, fahre nach Wien und nehme einen kühlen Schluck Wiener Wasser zu mir. Kaisers wussten, was gut ist.

Die Wehrkirchen-straße

In der Buckligen Welt – von Edlitz nach Katzelsdorf

In Edlitz beginnt sie. In Katzelsdorf endet sie. Oder umgekehrt.
Die Landstraße schmiegt sich wie
ein dunkelgraues Band um die Welt,
mal aufwärts, mal abwärts, vorbei
an blühenden Wiesen, Teichen, quer
durch üppige Wälder, um sich weit vorne
um die nächste Kirche zu winden und sich aus
dem Blick zu stehlen. Hundertzwanzig Kilometer, an denen
die Zeugen vergangener Zeiten aufgereiht sind wie auf einer
Perlenschnur: die Wehrkirchenstraße der Buckligen Welt.

   Ab dem 15. Jahrhundert boten die Kirchen Zuflucht vor
einfallenden Horden. Heute verwandeln die stummen Male
zwischen Edlitz und Katzelsdorf den krummen Rücken der
Wiener Alpen in ein historisches Freilichtmuseum. Die Region war lange Zeit Grenzland. Immer schon fielen feindliche
Truppen ein, teils auf Durchmarsch, teils in niederer Absicht.
Die Bauern errichteten Wachtürme, um das Herannahen
des Feindes frühzeitig erkennen zu können. Später dann

Extra-Tipp
Am besten startet
man bei der Doku-
mentation Wehr-
kirchenstraße, Markt
104, 2842 Edlitz.

wurden die Kirchen zu Wehrkirchen ausgebaut, Trutzbur-
gen, bestückt mit allem, was zum Überleben notwendig war.
Man wollte die Angriffe hinter geweihten Mauern aussitzen.
Meistens gelang dies auch. Zu Zeiten der Wiener Türkenbe-
lagerungen fielen osmanische Truppen ein und verwüsteten
Dörfer und Felder. Später kamen die Kuruzzen, ungarische
Aufständische. Noch später: Bonaparte und seine Cheva-
liers, und auch sie taten sich gütlich an Land und Leuten.
Die armen Buckligen bauten und bauten, und die Kirchen
wurden zu Meisterwerken der Selbstverteidigung. Sie alle
kann man heute besichtigen und – sich wundern über den
Einfallsreichtum der Belagerten. Sogar auf die Backstube im

Kirchenturm wurde nicht
vergessen, vom versteck-
ten Geldspeicher ganz zu
schweigen. Die Kirchen sehen aus wie sakrale Schild-
kröten aus Phantásien. Ein
Freiluftmuseum der spe-
ziellen Art.

Abwechslung pur lau-
tet das Motto der Buck-
ligen Welt. Sportler kom-
men hier ebenso auf ihre
Kosten wie kulturell In-
teressierte. Und auch die
Schnittmenge ist glücklich:
Weltreisende, die zu Öster-
reich-Entdeckern werden,
staunen. Ein „Paradies der
Blicke" voll von anmutiger

Die Wehrkirche in Lichtenegg,
geweiht dem Heiligen Jakobus
dem Älteren

Schönheit, bestückt mit all den Köstlichkeiten, die der Buckelboden hergibt. Und erst die prachtvoll erhaltenen Kulturschätze! Dies alles lohnt mehr als bloß einen Ausflug.

Was das Wandern betrifft, sollte man einige Zeit mehr einplanen, als angegeben: Es geht drunter und drüber, rauf und runter. Dazu braucht es Kraft. Die aber holt man sich am besten in den ortsansässigen Schenken.

Lichtenegg – der Himmel öffnet sich.

Das Land der tausend Hügel ist ein Schlemmerparadies: Von Fleisch- und Wurstspezialitäten über Milchprodukte, Edelbrände und Liköre bis hin zu herrlich dottrigen Eiern, krustelndem Bauernbrot und brockfrischen Kräutern. Hier gibt's alles, wonach dem hungrigen Wanderer der Sinn steht. Fruchtsäfte und Marmeladen, Schafwolldecken und Kürbisse, Mostheurige, Schmankerlhöfe, Genussbauern, Lamm-Buschenschänken und Weinhauer – hinter jedem Hügel wartet eine andere Gaumenfreude. Vielleicht ist es auch nur die Kraft des Zusammenwirkens allen Lebens, das mich hier so anrührte. Oder die Ruhe der Landschaft. Die Wahrheit ist wohl nur in jedem selbst zu finden, vorausgesetzt, man versteht zu schmecken, zu sehen und zu fühlen. Dann, und nur dann, ist man bereit dazu, all das Schöne zu erfahren, was das so betörend bucklige Land herzuschenken bereit ist.

Burgenland

Land der Heanzen, zukunftsreich

Gedanken über das Burgenland

Die Herkunft des Namens „Heanzen" ist umstritten. Lange Zeit bezeichnete man so die Donauschwaben, deutschsprachige Zuwanderer in Südwestungarn. Die armen Heanzen hatten die wohl endenwollendste politische Heimat aller Zeiten: Am 6. Dezember 1918 wurde in Ödenburg, im Zuge der Auseinandersetzungen, ob das Land künftighin Deutschösterreich oder Ungarn angehören sollte, vom Sozialdemokraten Hans Suchard mithilfe der regionalen Arbeiterschaft Mattersburg die „Republik Heinzenland" ausgerufen. Am Nachmittag des 7. Dezember wurde sie vom ungarischen Militär mit Unterstützung der Ödenburger Bürgerwehr wieder aufgelöst. Die Affäre wurde unter dem Namen „Zwei-Tage-Republik" aktenkundig und ging in die politische Geschichte des Landes ein. Am dritten Tag, als die Querelen gewaltsam beendet waren, wurde das „Heanzenland" dem nach dem Ersten Weltkrieg neu gebildeten Staat Österreich eingemeindet. Es war dies die Geburtsstunde des neunten Bundeslandes der jungen Republik.

Der Name „Burgenland" hat Mutationen hinter sich. Einst gehörten die deutschen Siedlungsgebiete den Komitaten Pressburg, Wieselburg, Ödenburg und Eisenburg an.

Als Pressburg von den Tschechen besetzt wurde, wurde das „Vierburgenland" in „Dreiburgenland" umbenannt, später dann, als Wieselburg, Ödenburg und Eisenburg Ungarn zugesprochen wurden, in „Einburgenland". Der Drops war geschluckt.

Nie legten die Heanzen ihre Bräuche, ihre Sprache, ihre Eigenständigkeit ab. Im Gegenteil. Bis heute finden sich Omas Kochkünste auf den Tellern der Gasthäuser wieder. Kaum eine Küche, die nicht Speisen anbietet, die ausschließlich hier im Burgenland ersonnen und erprobt wurden – und immer noch am Löffel liegen. Vom Wein ganz zu schweigen. Hier schwimmt Goldenes und Rotes, sogar Pinkes im Glas. Dafür pilgert die kundige Dipplerschar bis weit in den Süden, während sich die anderen derweil durch nördliche Gefilde saufen. Den Weinen rund um den Neusiedlersee wurde längst schon das Prädikat „Weltklasse" um den Flaschenhals gehängt.

Kosten, kaufen, konsumieren. Kaum eine Buschenschank am Rande der großen Seeroute bleibt bei schönem Wetter verschont von durstigen Großstädtern. Und das Wetter hier ist immer schön. Bedingt der Wein die Sonne? Umgekehrt sicher. Wagt man sich aber bis hinunter an die Grenze zu Ungarn und Slowenien, erfährt man eine Überraschung nach der anderen. Der feurig aromatische Uhudler ist ein eigenes Kapitel wert. Allein schon seine Ankunft im „Land unterhalb des Sees" ist Abenteuer pur. Es ist noch nicht lange her, dass er gesellschaftlich akzeptiert wurde. Von der Verfemung zur Sucht. Warum soll es dem kapriziösen Getränk anders ergehen als so manchem Reisenden, der dem Charme dieses von der Melancholie geküssten Landes mit allen Sinnen verfallen ist?

Gemeinhin haben Nebochanten, die das Burgenland als Vorzimmer Ungarns, Sloweniens und der Slowakei geringschätzen, wenig Ahnung von der Vielfalt und Großzügigkeit des östlichsten Bundeslandes. Als bekannt dürfen vorausgesetzt werden: Vogelparadies, Neusiedlersee und Wein. Vielleicht auch noch die Operette. Damit aber hat sich's. Nur wenige wissen, dass das Land von Kultur überschwemmt, von Gourmettempeln überzogen und von denkbar liebenswürdigen Menschen bewohnt ist.

Folgt man den Ausfallstraßen Wiens, gelangt man bald schon in den Wohlfühlbezirk rund um den großen Teich. Hier befinden sich die (vermeintlichen) Klischees des Landes wie auf einer Perlenschnur aufgereiht. Ich empfehle, all das zu genießen. Dann aber: Ab in den Süden! Am besten über Nebenstraßen. Man gelangt durch Dörfer, in denen es beinahe überall Spezielles zu entdecken gibt. Vorurteile landen rasch im Straßengraben. Handwerk, Schlösser, Kunst und – Gegend. Und überall lauern Geschichten. Man muss sich nur die Mühe machen, sie hören und sehen zu wollen. Gerade das Mittel- und Südburgenland hält jede Menge Entdeckenswertes bereit.

Machen Sie sich auf den Weg in ein weitgehend unbekanntes Land und vertrauen Sie Ihren Ohren. Sie werden staunen, was Sie dort nicht alles zu sehen bekommen. Und umgekehrt: Sie sehen Dinge, die Sie so noch nie gehört haben. Das Burgenland ist ein Wundertütenland, das mit keinem anderen in Österreich vergleichbar ist. Fahren Sie hin – auf dass Ihnen Hören und Sehen vergehe!

Die Ikone von Kasan

**Schloss Potzneusiedl, Untere Hauptstraße 1,
2473 Potzneusiedl**

Windräder, Rapsfelder, das Flüsschen Leitha. Eine schwarze Limousine nähert sich der kleinen nord-burgenländischen Ortschaft Potzneusiedl. Im Wagen sitzen dunkel gekleidete Herren verehrungswürdigen Alters. Ihre Mienen sind ernst. Langsam rollt das Gefährt zu dem herrschaftlichen Gebäude. Türen klacken auf. Die Männer zwängen sich aus dem Fond, schütteln ihre Glieder aus. Sie haben eine lange Fahrt hinter sich. Sie sehen sich um, dann überqueren sie die staubige Landstraße. Rechts der Pforte befindet sich eine Glocke. Schlurfende Schritte. Das Tor öffnet sich und die Männer werden, einer nach dem anderen, eingelassen. Das Auto indes parkt in sicherer Entfernung. Nichts soll auf den Besuch der fremdländisch aussehenden Herren hinweisen. In der Eingangshalle begrüßt der Schlossherr seine Besucher. Diese blicken zu Boden und nicken. Dann werden sie durch den Seitentrakt des Schlosses geführt, vorbei an langen Tischen, auf denen Halden von Gerümpel lagern, darunter das ein oder andere wertvolle

Stück: Keramik, Skulpturen, Porzellan, Puppen, Edelhausrat, Judaika und was nicht alles, liebevoll zusammengetragen von Herrn Egermann hochnotpersönlich, Sammler und Schlossherr der Königreiche Tand und Talmi.

Die Herren indes achten nicht auf Nebensächliches, zügig durchschreiten sie die Säle. Hier, in der Abgeschiedenheit des unbedeutenden nordburgenländischen Städtleins, gelegen am ehemaligen Grenzwasserverlauf zu Ungarn hin und verborgen hinter dicken Schlossmauern, ziehen sie die Hüte vor einem Ikonenbild, das an einer der Wände hängt. Davor zwei improvisierte Betstühle. Eine Kopie ist es bloß, das Bild, aber das tut nichts zur Sache. Die Herren fallen einander um den Hals, knien nieder und küssen die Darstellung der wundertätigen Gottesmutter von Kasan.

Der Ursprung des Gnadenbildes liegt im Reich der Legende. Das Original soll 1579 in Kasan, der Hauptstadt der halbautonomen Republik Tatarstan, kurz nach der Eroberung der Tataren durch Zar Iwan den Schrecklichen von einem kleinen Mädchen entdeckt worden sein, dem die Gottesmutter im Traum erschienen war. Bis 1612 verehrte man die Ikone im Theotokos-Kloster, als Symbol des orthodoxen Christentums. In den folgenden Jahrhunderten taucht das Heiligenbild beziehungsweise Kopien davon in verschiedenen russischen Städten auf, das Original gilt heute als verschollen.

In den Wirren des zu Ende gehenden Zweiten Weltkrieges versteckten Soldaten der Roten Armee bei einer Nacht- und Nebelaktion eine Kopie des Heiligenbildes bei einem Marchfelder Bauern. Seither wurden in ebendieser Scheune am 21. Juli und 4. November, den Gedenktagen der Gottesmutter, geheime Anbetungsfeiern abgehalten – die Gottesmutter von Kasan wird nämlich bis heute als Heilige und Schutzpatronin der Stadt verehrt. Aus Furcht vor einem neuerlichen Diebstahl wurde der Aufenthaltsort der Kostbarkeit allerdings nie öffentlich gemacht. So lange, bis Herr Egermann, Antiquitätenliebhaber und Besitzer von Schloss Potzneusiedl, auf den Plan trat. Dieser trüffelte

Schloss Potzneusiedl

sich durch Dachböden, Scheunen und Höfe des Burgenlandes, entdeckte eines Tages die im Heu versteckte Ikone und wurde mit dem arglosen Bauern handelseins. Seitdem lagert die Heilige als „Schnäppchen" in seinem Schloss. Bald schon pilgerten, gleichsam als Vorhut, jene ehemaligen Soldaten, inzwischen betagte Herren, aus der über zweitausend Kilometer entfernten Stadt Kasan nach Potzneusiedl, um „ihrer" Madonna zu huldigen, waren sie es doch schließlich, die das Heiligenbild fern der Heimat versteckten. Seither fallen Jahr für Jahr Heuschreckenschwärme von Wallfahrern ins Egermann'sche Schloss ein.

„Die Ikone selbst ist unverkäuflich", winkt Herr Egermann ab. Um keinen Preis will er sich die Kostbarkeit abluchsen lassen, immerhin umschleichen die frommen Pilger ja vor und nach jeder Andacht artig die schlosseigenen Verkaufsstände, nicht ohne das ein oder andere Erinnerungsstück zu erwerben und mitzunehmen.

Herr Egermann hat das Heiligenbild natürlich längst höherer Macht anvertraut. Die Frauenkirchner Basilika wird es dereinst, nach seinem Tod, hinter ihren Mauern aufbewahren. Der Vereinigung des katholischen Glaubens mit dem der russisch-orthodoxen Kirche steht längstens dann nichts mehr im Wege.

Die dunkle Limousine rollt lautlos vor das Tor und die schwarz gekleideten Greise, jeder mit einem Plastiksäckchen vollgefüllt mit Krimskrams, verschwinden hinter getönten Scheiben. Die Pilger treten ihre lange Rückreise in die Heimat an, indes sich Herr Egermann die Hände reibt. Einmal mehr hat sich das Wunder der Ikone von Kasan erfüllt.

Burgenland-TIPPS

Auf Schusters (und anderen) Rappen

Skulpturenfeld Pöttsching:
Wanderung über Wiesen und Felder, vorbei an den Steinmonolithen Karl Prantls

Burgen und Schlösser

Schloss Tabor:
Kultur und Natur im Südburgenland, Taborstraße 3, 8385 Neuhaus am Klausenbach

Tschaterberg (Csaterberg):
Wanderung quer über einen der kleinsten, aber schönsten Weinberge des Landes

Burg Bernstein:
Sitz des englischen Patienten, Schlossweg 1, 7434 Bernstein

Paradiesroute Burgenland:
In Oberwart geht's los: Raus aus dem Auto und rauf aufs E-Bike. Über Berg und Tal, durch Bach- und Flusslandschaften. Traumhaft!

Burg Lockenhaus:
Ritter, Fledermäuse und Musik, Eugen-Horvath-Platz 1, 7442 Lockenhaus

Paddeln auf der Raab: Einstieg: Neumarkt/Raab. Einfach treiben lassen und die Natur genießen.

Schloss Halbturn:
Sommerresidenz der Familie Kaiser, Parkstraße 4, 7131 Halbturn

Der Bläuling

**Blaudruckerei Koó, Neugasse 14,
7453 Steinberg-Dörfl**

Nähert man sich dem Koó'schen Familienbetrieb, sollte man versierter Fährtenleser sein. Der burgenländische Blaufärber Josef K. lebt wohl verborgen hinter sieben Hügeln, zwischen Gräsern und Farnen, Färberwaidpflanzen und meterhohem Gras. Vorerst gilt es, ein Pfingstrosen-Beet zu passieren, dann steht man vor niedrig geduckten Häuschen: Die Druckerei, die Färberei, das Walzdruckhaus, schließlich das Verkaufslokal samt Budel, Vitrinen und Kredenzen, gut bestückt mit den Edelerzeugnissen des Hauses. Die Familie ist angetreten, um den Besucher, von weit her kommend, jedenfalls ein gutes Stück außerhalb von Auenland, gebührend zu begrüßen. Das Koó'sche Gegenuniversum erscheint wie ein aus Zeit und Raum gefallener Anachronismus. Die kleine Welt duftet nach Fleiß und Kittelfalte. Josef K., dessen Frau und das Kind stehen da und betrachten mich lächelnd. Dann verneigen sie sich, einer nach dem anderen. Ich sehe ihre Hände. Sie sind blau. Was sonst. Der alte Koó, alles andere als alt, hat als dritter Nachkömmling seines Großvaters den Betrieb übernommen. Keine Frage, er würde gut als einer dieser niedlichen „Halblinge" durchgehen, Bewohner jenes märchenhaft

Die Blaufärberzentrale

mystischen Hügelgebietes in Eriador, im Nordwesten von Mittelerde, das sich östlich des Flusses Baranduin erstreckt, etwa vierzig Wegstunden hin bis zu den Fernen Höhen.

Links befindet sich die Wohnhöhle mit den putzigen Türen und Fenstern, rechts der Arbeitsbereich. Hier, in Hobbingen, ticken die Uhren anders. Hier ist die Liebe vorrangig, zu gutem und häufigem Essen und Trinken, so denke ich – und die zur Arbeit. Auf den ersten, weichzeichnenden Blick sieht alles sorglos aus. Die Bewohner des Idylls scheinen handwerklich geschickt zu sein, sind doch nirgendwo Maschinen zu sehen. Oder doch? Ich sollte es bald erfahren, denn die Koós sind welterfahren. Indien ist ihr Vorzugsland. Wen wundert's, das sagenhafte Land gilt als eines der Mutterländer des Indigo-Samens.

Die Küpe zum Färben
des Stoffs

Während die anderen Bläulinge zwischen den hohen Pflanzen verschwinden, nimmt sich der Färber Koó meiner an und weiht mich in die Grundbegriffe der Farbgewinnung ein. Früher gab's ausschließlich pflanzliche Farbstoffe, flüstert er augenrollend, heute hilft man etwas nach. Aber nur gerade so viel, wie es das ökologische Gewissen zulässt. Der Färberwaid (*Isatis tinctoria*) aus der Familie der Kreuzblütengewächse stammt zwar aus Asien, wurde aber schon vor Jahrhunderten in Europa kultiviert. Josef K. zwinkert verschmitzt. Die Blätter werden gebrockt und gewassert, ausgedrückt und zu „Kuchen" geformt – in meiner Sprache zu Klumpen.

„Früher hat man noch etwas Harn beigemengt", lächelt der Bläuling. „In der Sonne beginnt die Brühe zu gären, wobei Alkohol entsteht, der den Farbstoff Indigo aus den Blättern löst." Koó lacht sein übermütiges Bubenlachen, worauf die Frau hinter einem der Fensterchen auftaucht und aus sicherer Entfernung bekräftigend zu uns herübernickt. In tiefen „Küpen" (Steinbottichen) wird die Brühe angesetzt und die Stoffe, an kreisrunden Holzgestellen festgekluppt, werden bis zu zehn Mal gewassert.

„Vorher aber bemodeln wir sie." Der Meister schlüpft ins Druckerhäuschen, ich hinterdrein, ziehe aber den Kopf ein, um mich nicht am Türstock zu stoßen.

Auf einem groben Holztisch liegen die Modeln bereit. Stahlstifte ragen heraus, an deren Köpfchen man den „Papp" aufträgt, eine farbabweisende Substanz aus Gummiarabikum oder Tonerde, die auf den noch ungefärbten Stoff „gestempelt" wird. Ich frage nach der Rezeptur. Koó runzelt die Stirn.

„Familiengeheimnis."

Ist der Stoff vollständig mit dem Pünktchenmuster überzogen, wird er in die blaue Suppe versenkt. Später wäscht man die Punkte ab. Dort, wo sie festgeklebt waren, bleibt der Stoff weiß. Hernach geht's ans Trocknen. Kreuz und quer durch den Märchengarten sind Leinen gespannt, an ihnen hängen die blauen Bahnen. Frau und Kind erscheinen, die Führung ist beendet und alle gruppieren sich zu einem Familienfoto.

Danach geht's zum Verkaufsraum. Schuhe stehen da, Stoffe, T-Shirts, Kleider, Hemden, Schürzen, Tischgedeck und was nicht alles. Junge Designer sind längst auf den Zug der Zeit aufgesprungen: Handwerk aus Meisterhand, gepaart mit neuen, pfiffigen Ideen. Die Koós haben es begriffen: In ihrer kleinen, überschaubaren Welt tragen sie dazu bei, dass altes Wissen nicht vergessen, vielmehr behutsam an die nachfolgende Generation weitergegeben wird.

Im Rückspiegel schrumpft die zum Abschied angetretene Blaufärber-Familie mit jedem zurückgelegten Meter, bis sie schließlich nicht mehr zu sehen ist. Fahrt hinaus, Leute, in Richtung Auenland, nach Steinberg-Dörfl, wo die kleinen Leute mit den blauen Händen und dem großen Wissen wohnen, lernt von der Klugheit alten Handwerks und, das vor allem, blaue Wunder kennen!

Die Hochzeits-
bäckerin

**Aloisia Bischof, Untere Dorfstraße 29,
7512 Badersdorf**

Wenn die Berufung zum Beruf wird, wird die Arbeit zum süßen Vergnügen" steht auf dem Folder, der mich zu einer wahren Kuriosität des Südburgenlandes bringt, zur Hochzeitsbischöfin Aloisia Bäcker ... äh ... Hochzeitsbäckerin Aloisia Bischof. Seit sie denken kann, lässt sie das Thema Nummer I nicht los. Warum auch? Andere kommen noch auf weit verrücktere Ideen. Aloisia fühlt sich einfach wohl auf – Hochzeiten. Ihre eigene liegt schon mehr als fünfzig Jahre zurück. Dass man ihr das nicht ansieht, verdankt sie wohl der Freude an ihrem Beruf. Es sollte so sein. Seit sie denken kann, bäckt Aloisia Kekse und Torten. Für sich und für andere. Meistens für andere. Von Fest zu Fest ist sie unterwegs und beglückt Brautleute wie Gäste mit ihren süßen Kreationen. Generationen von Schleckermäulern galt es schon zu stopfen. Wohl auch ihr eigenes. Sie tat dies so lange, bis aus Berufung Beruf wurde. Aus nah und fern kommen die Bestellungen herein und Aloisia wuselt immer noch hochroten

Kopfes zwischen Backofen und Mehlbrett, zwischen Verkaufspult und Teigmaschine. Und wie das duftet!

Ihr kleines Königreich ist längst ein großes geworden. Allein bewältigt sie die Arbeit schon lange nicht mehr. Eine Vielzahl an hilfreichen Händen werken im Hintergrund, um all den Wünschen und Aufträgen gerecht zu werden. Eine Hochzeit im Nachbarort, eine in der fernen Bundeshauptstadt ... das Telefon steht nicht still. Gerade läutet es. Eine Homestory für ein Hochglanzmagazin kündigt sich an. Dann flattert die Bestellung einer Badersdorferin herein, eine Doppelstocktorte muss her. Aloisia ist Hansdampfin in allen süßen Gassen des Südburgenlandes.

Und ganz nebenbei hat sie im Laufe der Jahrzehnte eine Sammlung der speziellen Art zusammengetragen. Neben der Bäckerei steht ein altes Bauernhaus voll mit Hochzeitsreliquien: vom Kleid bis zum Besteck, vom Haarkranzl zum Ehebett. Ihr ganzer Stolz: Sie unterhält das erste und einzige Hochzeitsmuseum im Burgenland. Das ist nicht nichts. Der Hochzeitsbäckerin aus Leidenschaft stehen Tränen in den Augen, wenn sie von ihren Anfängen erzählt.

„Die Männer sind beim Heiraten immer besser dran ...“, sagt sie, „sie bekommen die bessere Hälfte, uns Frauen.“

Wie bei anderen Bräuchen auch, unterscheiden sich die Hochzeitsrituale von Region zu Region. Unmöglich, das ganze Spektrum abzubilden, aber ein paar Kuriositäten hat sie doch auf Lager.

Beinahe vergessen ist der schöne Brauch des Haarsammelns: Die Braut geht von Haus zu Haus und bittet – nein, nicht um ein paar Strähnen Kopfschmuck, sie bittet um „Haar“ – das alte Wort für Hanf. *Die* Zeiten sind natürlich längst vorbei. Gras wird heute nur mehr selten gratis verteilt!

Ebenso selten ist heute die Kistenbesteigung: Der Bräutigam wird in eine Kiste eingeschlossen und von Wirtshaus zu Wirtshaus gekarrt, dorthin, wo er seine „schlimme" Zeit verbracht hat – bis er vor dem Haus der Angebeteten landet, die ihn aus dem engen Gefängnis befreit – mit dem Zweck, ihn in ein neues zu sperren.

Die Bischof(s)-Bäckerin hat noch jede Menge alter Geschichten gesammelt und fotodokumentarisch in ihrem Museum ausgestellt. Während sie erzählt, glühen ihre Wangen vor Begeisterung.

Zurück in der Backstube posiert Frau Aloisia noch rasch für ein Erinnerungsfoto, packt dem Herrn Reisenden eine deftige Jause ein, schiebt ein Buttersalzstangerl hinterher und verschwindet nach hinten in ihr duftiges Reich. Dort wird die Kekserl-Göttin weiter backen und formen,

Geheiratet muss werden!

mehlen und zuckern bis zum Sankt Nimmerleinstag: all die Florentiner und Vanillekipferln, Schokoröllchen und Mandelsplitter, Indianerschnitten und Trüffelbusserln aus ihrer Zuckerpuppenküche, die viele, viele Kinder, Klein und Groß, begeistern – ganz zu schweigen von den unzähligen Hochzeitsmägen, die sie stopft wie die Hälse von Weihnachtsgänsen.

Und wenn sie nicht gestorben sind, dann wachsen so noch viele weitere Generationen heran und naschen und naschen und naschen – bis zum Ende ihrer Tage. Und die Hochzeitsgeschichten, die sie ihren Kindern erzählen, werden nie, nie versiegen. Denn dafür ist sie zuständig: Aloisia, die Badersdorfer Hochzeitsbäckerin, ungekrönte Bischöfin des Trauungsparadieses Burgenland.

Kreuz und quer

Gschalermandln:
Figuren aus Maisschalen, Alois Trinkl, Heiligenbrunn 56, 7522 Heiligenbrunn

Heanzenessen

Uhudlercremesuppe im Brot:
herrlich cremige Rahmsuppe, mit reichlich Uhudler und Knoblauch abgeschmeckt – im extra dafür gebackenen Mini-Brotlaib

Safranoleum:
Safran und andere Gewürze, Hannes Pinterits, Eisenstädter Straße 97, 7011 Siegendorf

Steppenduft:
das Reich des Parfumeurs, Stefan Zwickl, Maria-Weitner-Platz 28, 7132 Frauenkirchen

Hohlsterz „Dödöle":
Kartoffelsterz, geröstete Grammeln – serviert mit Blattsalat

Töpferstadl:
der Letzte seiner Zunft, Günther Hoffmann, Hauptstraße 71, 7344 Stoob

Krautstrudel:
Weißkraut, Butterschmalz, Zucker, Speck/Grammeln, Essig, Kümmel, Majoran, Strudelteigblätter – mit Sauerrahm garniert

Wuzlnudeln mit Nüssen oder Mohn:
Kartoffelnudeln, Nüsse, Honig, angerichtet mit Sauerrahm-Honigcreme – oder mit Mohn und Puderzucker

Das Vogelparadies

Naturpark Lange Lacke – 7143 Apetlon

Der Parkplatz ist nicht zu übersehen. Ein paar hundert Meter nach dem kleinen burgenländischen Dorf Apetlon, rechts. Es ist früh am Morgen. Ich möchte alleine sein, wenn ich das Paradies betrete. Wie oft passiert das schon? Der Eintritt nach Anderswelt wird zu Lebzeiten vollzogen. Ich setze über den Fluss Styx, der die Lebenden von der Unterwelt trennt. Normalerweise muss man dem Fährmann eine Münze als Lohn für die Überfahrt berappen. Für mich ist es heute gratis. Die Seewinkler sind nicht so. Der Aufwand, das andere Ufer zu erreichen, hält sich in Grenzen, um diese Zeit ist die Landstraße unbefahren. Ein paar Schritte noch, dann betrete ich einen anderen Kontinent.

Die Lange Lacke, man weiß es, besteht aus mehreren Salzlacken, an deren Ufer Schilf wächst. An den nördlichen Rändern: Bio-Äcker, so weit das Auge reicht. Das Gebiet umfasst eine Gesamtfläche von zehn Quadratkilometern. Die salzhaltigen Wasserflächen werden nicht tiefer als achtzig Zentimeter, allerdings nur in niederschlagsreichen Jahren. Im Sommer dominiert zumeist Steppe. Erst die Herbst-Niederschläge

Am Tiefpunkt

gleichen sie wieder aus. Rundherum ausreichend Weide-flächen. Hier grasen tagsüber Schwärme von Touristen. Am Rande der Lacken befinden sich die sogenannten „Gansl-Äcker", die immer schon als eine Art Pufferzone dienten. Hier wird gebrütet und überwintert.

Ich gehe vom Info-Point aus in östliche Richtung. Es kommt, wie es kommen muss: Eine Ganspartie quert meinen Weg. Frau Mama wagt sich aus der Grasfläche heraus auf den Güterweg und zieht, wie an einem Gummiband, ihre klei-nen Gössel hinter sich her. Die Schritte führen zielgerichtet bis zum nächsten Leckerbissen. Stramm und unbeirrt geht's dahin, vorbei am frühmorgendlichen Wanderer. Das Paradies hat seine Pforten geöffnet. Angesichts der dahinwatscheln-den Tierchen verwandle ich mich vom Hobby-Ornithologen zum staunenden Vogelbeschauer. Ich liege flach am Boden,

Mehr „Natur" geht nicht ...

ich will gleichauf sein mit Mutter Natur. Was passiert, ist dies: Der Kindergarten schart sich um die Erzieherin, die sich, den neugierigen Blicken des Artfremden zum Trotz, auf Futterjagd begibt. Das gibt es hier im Überfluss: Samen, Gräser, für den Nachwuchs herrlich frische Pflänzchentriebe. Die *Anser anser*, so ihr wissenschaftlicher Name, ist eine gemeine Feldgans aus der Familie der Enten, Ordnung Gänsevögel. Nachgereiht ihrer nahen Verwandten, der *Branta canadensis*, ist sie Europas zweitgrößte Gans-Art. Mit ihr liege ich Schnauze an Schnabel im Ufergras. Ich blicke mich um. Ist das verboten? Mit dem Hinterteil rage ich auf den Feldweg hinaus, die vordere Partie verharrt reglos, face to face mit Mutter Natur. Wie nehmen mich die kleinen Ganter und Gänserinnen wahr? Als etwas Fremdartiges? Als Teil des Ganzen?

Einer der kleinen Racker hat kehrtgemacht und glotzt mich unverwandt an, wie mir scheint, nicht uninteressiert. „Auge in Auge mit der Natur", verspricht ein Hochglanzprospekt über die Region. Findige Werbefritzen haben sich den Spruch ausgedacht, er soll Gusto machen. Den brauche ich nicht. Ich bin bereits Auge in Auge. Mehr Natur geht nicht.

Monate später, wenn der nahende Winter seine rauen Stürme über die Pannonische Tiefebene jagt, werden die Vögel in ikarischer Flugformation ihr Brutgebiet verlassen und sich auf die Reise in Richtung Süden machen – über Italien nach Nordafrika. Für meinen kleinen Freund wird die weite Reise ins Winterquartier von entscheidender Bedeutung sein. Die Weitergabe des elterlichen Instinktes ermöglicht sein Überleben. Der Nonstop-Flug, in tausenden Metern Höhe, wird ihm alles abverlangen. Eine nicht nachvollziehbare Gewaltleistung.

Das kleine Ding hebt das Köpfchen, schluckt den winzigen Grashalm, den es zwischen seinen Schnabellippen festhält, wendet sich ab und watschelt aufgeregt schnatternd seinen Brüdern und Schwestern hinterher, die bereits in Richtung Lacke unterwegs sind, um sich im Schutz der Bugwelle ihrer Frau Mama ins Wasser gleiten zu lassen. Der Augenblick, der uns einte und uns zu einem körperlosen Wesen in der Tiefe der Zeit werden ließ, entlässt uns in konträre Welten. Erst die Stille des Moments machte unsere Übereinkunft möglich. Das letzte Rätsel ist gelöst.

Der Blick des Uhus

Das Uhudlerland – Weinidylle Südburgenland, 7522 Heiligenbrunn

In Europa schlug die Geburtsstunde des Uhudlers im Zeitalter der Reblaus, als die fiese Ratte in der zweiten Hälfte des vorletzten Jahrhunderts auch Österreich erreichte. Man schrieb das Jahr des großen Schädlingsbefalles. Als keine Chemikalien mehr nutzten, kamen findige Hauerköpfe auf eine wahrhaft revolutionäre Idee. Ihr begehrlicher Blick fiel quer über den Ozean auf weitaus resistentere Rebstöcke als die ihren. Gesagt, getan. Die fremden Amerikaner-Reben, unveredelte Direktträgersorten, überquerten das große Wasser per Schiff erster Klasse. In den Frachtlisten waren die Namen *Noah*, *Concord* und *Isabella* vermerkt. Später stießen noch die Edeltrauben *Elvira*, *Othello*, *Delaware* und *Ripatella* dazu. Die Rechnung schien aufzugehen. Zwar war der Geschmack der fremden Rebsorte nicht jedermanns Sache, aber der Mensch ist ein Gewohnheitstier, besonders der zechende, und so kehrte Friede ein in den Gewölben der Kellergassen. Das Buket des säurelastigen Neuankömmlings war und ist eine raffinierte Mischung aus Waldbeere und moschusartigem Aroma.

Die Weinek'sche Genussheimat

Kellerstöckl in Heiligenbrunn

Ende der Golden Twenties wurde der Uhudler vorsätzlich in Verruf gebracht: Ein hoher Anteil an Methanol wurde ihm angedichtet, man verleumdete ihn als gesundheits- schädlich. Was war geschehen? Bevor der Siegeszug des „Ausländers" noch so richtig begann, wurde er aus Kon- kurrenzgründen vorsorglich diffamiert. Der Wein entstand aus einer Kreuzung amerikanischer und europäischer Re- ben, das Ergebnis war eine neue, „wurzelecht gewachsene

Hybrid-Sorte", die noch dazu bestens gegen Lausbefall gewappnet war. Den Einheimischen aber war die Traube suspekt, sie wurde als „Rabiatperle" in Verruf gebracht. Einer Expertise des österreichischen Botanikers, Rebenzüchters und NSDAP-Mitgliedes Fritz Zweigelt aus dem Jahr 1929 zufolge befand man, dass die „spezifischen Giftwirkungen des unreinen Weines bei Männern Zornexzesse, bei Frauen Hysterie und bei Kindern geistige und körperliche Degenerationserscheinungen" hervorrufen. Bauern mit arischen Trauben hingegen „hätten kinderreiche Familien zu erwarten und erfüllen also ihren Dienst am Volk". Allein die Idee, den Geschmack eines Weines politisch zu instrumentalisieren, jagt einem auch lange nach der düsteren Zeit Kälteschauer über den Rücken. Nach dem Krieg entwickelten Zweigelts Mitarbeiter einen „reinrassigen" Verschnitt von St. Laurent und Blaufränkisch, der nach ihrem Chef benannt wurde. Vom *Institut ohne direkte Eigenschaften* wurde 2018 in Anspielung auf die politische Vergangenheit des mediokren Wissenschaftlers vorgeschlagen, der von ihm gezüchteten Rebsorte den Nazi-Namen abzuerkennen und sie in „Blauer Montag" umzutaufen.

Der „Bastard" (© Prof. Zweigelt) wächst nach wie vor im südlichen Burgenland, der einzigen autorisierten Landschaft, in der der Direktträger sein Zuhause gefunden hat. Ein Verdacht liegt nahe: Die großen Weinproduzenten des Landes fürchten die Amerika Traube weiterhin wie das Blatt die Laus, besitzt sie doch alle Eigenschaften, die den alteingesessenen Rebsorten Konkurrenz machen: Sie ist schädlingsresistent, frei von chemischer Behandlung, schmeckt außergewöhnlich gut und garantiert eine erstaunliche Ertragsspanne. Der Markenschlager Uhudler, obwohl auf nicht mehr als hundertzwanzig Hektar angebaut und als solcher ein David in der von Goliaths dominierten Anbaugemeinde, stellt eine einzigartige Rarität in der österreichischen Weinlandschaft dar.

Der tüchtige Winzer Martin Weinek sowie ein paar wackere Gleichgesinnte führen seit Jahren einen Windmühlenkampf gegen die „Giebelkreuzritter" des Wein-Syndikats. Ihre Trutzburg ist die Gegend um das längst zum Landschaftsschutzgebiet erklärte und unter Denkmalschutz gestellte Kellerviertel Heiligenbrunn, ein einzigartiges Ensemble schilfgedeckter Weinstöckeln. Hier und nur hier ist sie zu Hause, die erhaltenswerte Wundertraube.

Dort sitze ich an einem roh gezimmerten Tisch, vor mir die Flasche mit dem Plutzer-Etikett „Uhudler", pitschkalt, wenn man bitten darf, sowie eine deftige Jause.

„Der wochst nur bei uns do …!", schreit mich mein Nachbar an, „nur do!"

„Weshalb?", frage ich.

Der Mann sieht mich an, lange, dann verdreht er die Augen wie ein Uhu und nimmt einen tiefen Schluck. „Weil er nur do wochst, Herrgottsacklzementnoamoi!"

Damit ist alles geklärt, nur das Wichtigste nicht: Wie, in drei Teufels Namen, kommt der Edeltropfen zu seinem gewöhnungsbedürftigen Namen? Ich wage einen Vorstoß: „Warum heißt der Kerl eigentlich Uhudler?"

Mein Nachbar steht etwas wackelig auf, verschwindet in der Tiefe des Kellers, tappst wenig später wieder zum Tisch zurück und legt einen kleinen rostigen Taschenspiegel auf den Tisch.

„Schau di amol o. Die Ring' unter die Aug'n. Wia a Uhu. No Frogen?"

Das grüne Herz

Gedanken über die Steiermark

Klack – klack – klack ... tack – tack ... back – back. So klingt es, wenn der Wind über das Land streicht. Überall haben die Menschen hölzerne Räder aufgestellt. Die Geräusche sollen die Vögel vertreiben. Das Klappern ist die Sprache des südlichen Steirerlandes, das den sonnenbeschienenen Hügeln um Arezzo gleicht – weiter oben, im Norden, ähnelt das Bundesland den schroffen Graten norwegischer Fjorde, im Südosten den fruchtbaren Feldern der kanaldurchfluteten Po-Ebene und endlich im Westen, zur Pack hin, den undurchdringlichen Wäldern im Norden Kanadas. Von all dem findet man Entsprechungen im multinationalen Grünen Herz Österreichs. Es ist ein Land der Gegensätze, ein Land, dessen Bewohner verschrobener nicht sein könnten, ein Land, das verschlossen ist wie eine Flussauster und das sich doch öffnet und seine Schätze zeigt wie kein anderes. Ich entdecke es wie eine ferne Geliebte, die sich meiner Annäherung entzieht, um sich im nächsten Moment an mich zu schmiegen. Ich steige auf furchterregend hohe Berge, durchstreife Felder, auf der Suche nach der „Ölspur", trinke mich durch die Weinschänken der steirischen Toskana und lerne aus Büchern und Bauwerken des Sehnsuchtsortes Graz. Und immer wieder sind es die Menschen, die mich in ihren Bann ziehen.

Das Land ist voll von unvergleichlichen Landschaftsbildern und, je südlicher man kommt, mediterraner Schönheit. Dort begegne ich der Ruhe. Im Norden fürchte ich die Macht des Himmels und der Berge, im Osten entdecke ich die Zurückgezogenheit der Menschen. Überall aber ist es die Lebensfreude, die mich berührt. Und eben die Stille.

Es sei jedem anempfohlen: Abseits der Pfade gibt es sie immer noch – Muße und Leichtigkeit. Man findet sie. Die Suche führt zu abgeschiedenen Fischteichen, verborgenen Gehöften und Weingärten, tief in den Wald hinein, wohin sich keiner mehr vorwagt außer ein paar vorwitzige Sonnenstrahlen, die, von Zweigen und Ästen zerschnitten, ein geometrisches Linienmuster über die Wege legen. Man trifft sie, die Bauern, die auf ihren Feldern oder in den Obstgärten arbeiten, und man wechselt ein paar Sätze mit ihnen und ist überrascht über ihre Herzlichkeit. Man entdeckt den Himmel, deutet Wolkenformationen, blickt den Staren nach, wie sie über die Weingärten gleiten, taucht ein in die sanfte Hitze des Nachmittags und lässt sich forttragen. So lernt man, die Natur zu lesen. Am Rücken führt man leichtes Gepäck mit sich, und manch einer greift dann zu Block und Bleistift und vertraut seine Gedanken dem Papier an. Man schließt die Augen, bis aufkommender Wind über die Lider streicht und zur Rückkehr ins Quartier mahnt.

Wenn der Weg dann an einem Gehöft vorbeiführt und der Bauer immer noch draußen am Feld steht und die Ernte einbringt, dann zaubert vielleicht die Bäuerin ein Glas Nussler aus der kleinen Keusche heraus, die da am Wegesrand steht, direkt neben dem stattlichen Haus. Der Schnaps wurde im letzten Herbst angesetzt und er gilt, wie sie lachend sagt, als einer der besten rundum – man probiert und ist überrascht, wie gut er tut, und ein paar Gläser später hockt man auch schon in der Stube drin, gemeinsam mit den Bauersleuten, und der Duft des Abendessens erfüllt den geduckten Raum, indes am Tisch beim Kachelofen ein tiefe Schüssel wartet, aus der es gehörig herausdampft. Suppe gibt's und danach, als Eibiswalder, Gleinstättener oder Deutschlandsberger Spezialität, das Sulmtaler Backhendl, nebst grünem Salat mit kräftig viel Kernöl. Mein Gott. Und dann betrinkt man sich mit seinen neuen Freunden und der junge Schilcher oder Welschriesling oder was immer ist bestens gekühlt, und dann, dann weiß man, wie sich der Himmel anfühlt und vor allem, wie er schmeckt. All das ist dem Zufall geschuldet und nichts davon ist geplant. Man entdeckt ein Land, das jedes Mal neu überrascht, weil es nichts will, aber alles gibt: Die Steiermark ist das grüne Herz Österreichs.

Dem Himmel nah

Bergsteigerfriedhof, 8912 Johnsbach

Entlang der Enns mäandert die Straße vom Gesäuse kommend durch das enge Flusstal bis zur jäh aufragenden Wand des düsteren Berges, der seit jeher als Gradmesser hiesiger Bergkraxler gilt: Der Große Ödstein mit seiner schroffen Nordwestkante ist keiner der Modeberge, die im Gedächtnis haften und für deren Besteigung man sich rühmt. Und doch hat er den Alpinismus geprägt wie kein anderer. Der Begriff von der „Universität des Bergsteigens" wurde hier geboren. Schon im 19. Jahrhundert, dem Paläozoikum der Climber, versuchten sich waghalsige Männer an den Erstbesteigungen der ringsum liegenden Wände. Von der Planspitze bis zum Hochtor, vom Großen Buchstein bis zu besagtem Ödstein. Überall hingen Wahnsinnige in den Seilen.

Es regnet in Strömen. Eine schwere Wolkendecke liegt über dem Tal und umschließt die aufragenden Felsen wie aufgeschäumte Milch. Ich fahre ins Nichts. Je weiter ich komme, desto näher rücken die Berghänge aneinander. Die Straße ähnelt einem Flusstal, Wassermassen kommen mir entgegen und drohen, mich fortzureißen. Längst hat sich der Tag in Nacht gewandelt. „There's a light ..." *Rocky Horror*

Show. Genauso fühle ich mich. Ich werde ankommen und Riff Raff persönlich öffnet das Tor.

Mein Ziel ist Johnsbach. „Genussvolle Wanderungen über sanfte Almwiesen mit Einkehr in bewirtschafteten Almen und Schutzhütten warten auf die Gäste" lautet einer der abgegriffenen Sätze in dem schon vergilbten Prospekt, den ich zu Hause gefunden habe. Soll ich umkehren? Ich entschließe mich weiterzufahren. Geröll liegt auf der Straße, wahrscheinlich ist einer der Hänge ins Rutschen gekommen. Grasbüschel, Steine, Äste. Ich umfahre den Bergmüll. Regen. Regen. Regen. „Over at the Frankenstein Place, there's a li-gh-t ..."

Das Tal weitet sich. Unmittelbar vor mir taucht ein Haus auf. Hier macht die Straße eine scharfe Linkskurve.

Die Himmelmannschaft

Auf einem Parkplatz stehen ein paar Autos. Ich kann gerade noch bremsen. Die Wolkendecke hat sich gelockert. Ein Schild: „Zum Friedhof". Genauso fühlt es sich an. In Johnsbach liegt einer der beiden Bergsteigerfriedhöfe Österreichs. Der andere liegt in Heiligenblut. Ich will zu diesem hier, es ist der größere. Es ist einer der größten der Welt.

Der Friedhof wurde nicht geplant. Er ist gewachsen. Mit der Entdeckung des Gesäuses als hochalpines Kletterparadies bekam der Ort eine besondere Aufgabe: Bergopfer wurden in seiner Erde bestattet. Die traurige Kehrseite von jugendlichem Wagemut und städtischer Alpinbegeisterung. Heute kreuzen die Rettungshubschrauber regelmäßig über das Tal. Je schöner das Wetter, desto mehr Verkehr ist in der Luft. Der Sturmlauf auf die Nordwände zwischen Planspitze und Ödstein fordert Opfer.

Ich blicke hinüber zur kleinen Kirche und dem nebenan liegenden Pfarrhaus. Der Weg führt am Waldesrand vorbei und steigt dann sanft zur Treppe an, die, einer Himmelsleiter gleich, zu einem schmiedeeisernen Tor führt. Wie oft wohl ist eine trauernde Gemeinde dort hinaufgestiegen? Rechts neben der Kirche landen die, die am Berg verunglücken. Die linke Seite ist den Johnsbachern vorbehalten. Die Wolken haben sich hangaufwärts verzogen. Es regnet immer noch. Als würden die Tränen der Hinterbliebenen vom Himmel fallen. Die meisten der hier Bestatteten waren hoffnungsfrohe, starke, junge Menschen, deren Begeisterung für den Alpinismus sie auf die Berge steigen ließ, dem Himmel nahe, der Erde längst entrückt. Waren sie leichtsinnig und haben die Gefahr unterschätzt? Oder war es nur ein unbedachter Schritt? Bedacht und Ohnmacht liegen dort oben oft nur einen Fehlgriff voneinander entfernt.

Ich öffne das Gittertor. Der Regen lässt nicht nach. Ich gehe die Gräberreihe entlang. Was suche ich hier? Die Nähe unerfüllter Träume, die Sehnsucht nach der Ewigkeit? Woran haben die, die hier ihre letzte Bettstatt fanden, geglaubt? Ist ihre Reise zu Ende gekommen? Sie haben sich nach dem Himmel gesehnt. Haben sie ihn gefunden? Ich lese die Grabinschriften. „Abgestürzt", „Verschollen", „Steinschlag", „Blitz". Abschiedsworte, ungelenk, Hoffnung machend, persönlich. Hier haben ihre Nächsten das Unerklärliche zu erklären versucht:

> Zur Mutter Erde gingst du still nach Haus,
> Um auszuruh'n vom letzten schweren Gang.
> Doch deine Seele jauchzend flog hinaus
> Ins Sonnenglück hoch über Grat und Hang.

Neben all den Buchstaben genügen Zeichen und Symbole. Ein einfaches Kreuz sagt mehr als Worte. Ich stehe vor dem Grab der „Gesäusemutter" Katharina Ditz. Ein Brief liegt da. Der Regen hat das Papier längst durchweicht, die Buchstaben sind zerflossen. Ein letztes Dankeschön an die Frau, die so manchen jungen Mann in die Wand aufsteigen sah, der nicht mehr zurückkam zur Hütte, wo sie für ihn um Gotteslohn ein Heulager bereithielt, nebst einer kräftigenden Suppe. Sie sah sie kommen. Sie sah sie gehen. Und irgendwann ging auch sie. Wohl stieg auch sie die Treppe hinauf, um all das Schöne zu sehen – einfach, weil sie zu sehen gelernt hat.

Kulinarik

Almenland Stollenkäse:

Die Laibe ruhen im Silberbergwerk. Waschen, wenden, bürsten. Nach der Führung wird der Weltmeister-Käse verkostet, in der hauseigenen Fromagerie. 8162 Passail

Buschenschank Eckfastl:

Haussulz, Bratl und selbst gebackenes Brot. Süßes gibt's aus dem Ofen der Wirtin. Zum Drüberstreuen das „Schilcher-Früchtchen" – Schilcher und Pfirsichnektar. Aichegg 54, 8541 Schwanberg

Buchtelbar Wenigzell:

Mohnstriezel, Nusskipferl und der Knüller des Hauses, Riesenbuchteln. Achtung: Suchtgefahr! 8254 Wenigzell

Gehen

Moorwanderweg:

Wandern im Joglland rund um ein Hochmoorgebiet. Schwammerln stehen in den Wäldern wie die Stelzen im Bach. 8255 St. Jakob im Walde

Weinweg der Sinne:

In den schönsten Weingärten des Vulkanlandes werden alle Sinne berührt. Trinkbares gibt es am Wegesrand genug. 8354 Aigen

Über die Hügel:

Vorbei an Fischteichen, Wäldern, Obstgärten und den Kachelöfen der Bauernstuben zwischen St. Ulrich, Obergreith und Pölfing-Brunn. Karpfen brutzeln im Fett und der Nachschub an Schilcher versiegt nie. 8544 St. Ulrich in Greith

Seichgucker

Der „Flascherlzug",
Bahnhofstraße 28, 8510 Stainz

Jahrhundertelang war nicht das Stethoskop das ange-
sagte Requisit der Bader und Wunderheiler, sondern das
Harnglas. Am Urin, so war man überzeugt, ist die Bresthaf-
tigkeit abzulesen. Brunzdoktoren beackerten das Feld, die
Frühharnkunde erfreute sich bis zum 20. Jahrhundert größter Beliebtheit. Einer der bekanntesten Harnbeschauer des
Landes hieß mit bürgerlichem Namen Reinbacher Johann
(1866–1935), besser bekannt als Höllerhansl. Seine Heilme-
thode war ebenso legendär wie rätselhaft. Angeblich wurde
er von seinem Vater in die Geheimnisse der Urologie einge-
führt. Ein „Volksmedizinbuch" des Urgroßvaters tat das Übri-
ge. Das musste reichen. Der Höllerhansl las im Frühharn seiner Patienten und verschrieb Kräuter, die allesamt in seinem
Vorgärtlein wuchsen. Er sollte zum Pop-Idol in einer langen
Reihe von Heilern werden, die das Land flächendeckend überzogen. Kranke gab's wie Sand am Meer. Der Markt brummte.

Wie groß der Andrang vor der Haustüre des Wunderdoktors von Rachling gewesen sein muss, geht schon daraus hervor, dass die von Preding nach Stainz verkehrenden
Züge den Namen „Flascherlzug" erhielten. Die Waggons

Die Geschichte vom Seichgucker

waren gesteckt voll mit Patienten, die Fläschchen in der
Hand hielten, darin gelblicher Saft wabbelte. Sie alle versprachen sich vom sagenhaften Urineur Linderung ihrer
Leiden. Die Therapie begann freilich schon am Bahnhof,
und ohne dass sie es merkten. Zwar war Stainz die Endstation, das Ziel aber war noch keineswegs erreicht. Das nämlich lag satte dreihundertfünfzig Höhenmeter oberhalb des
Orts, auf dem Hügel von Rachling. Der stramme Fitness-
parcours war die erste Station am Weg zum Heil. Liebe,
Glaube, Hoffnung. Man *liebte* den gelehrten Herrn, der ein-

fach nur Kräutlein verschrieb. Jeder *glaubte* ihm und brachte wunschgemäß einen Ziegelstein mit (worum der „Herr Doktor" bat und womit er gleich neben seinem Wohnhaus eine Kapelle errichtete). Und schließlich *die Hoffnung*: Sie deponierte man als Stoßseufzer in der hinter der Ordination gelegenen Mariengrotte.

Mein Besuch hat sich herumgesprochen. Der Herr Bürgermeister selbst sowie ein Schock Gemeinderäte erwarten mich im Stainzer Bahnhofscafé. Sogleich wird ein Flascherl geköpft. In ihm wabbelt allerdings Zirbe und nichts anderes. Ein Schluck in Ehren ... Na schön, obwohl der Tag noch nicht alt ist, ein Stößchen. „Auf den Höllerhansl!", rufen wir und fallen uns nach der sechsten Zirbe um den Hals. Dann wird zum Aufbruch geblasen. Die Herren verschwinden im Rathaus und ich nehme den gleichen Aufstieg in Angriff wie damals die Bedürftigen, nur dass sie den Flascherlinhalt noch im Glas behielten, während ich meinen inwendig den Berg hinauftrage. Der Effekt wird wohl ähnlich gewesen sein, was zählte und immer noch zählt, ist das Glücksgefühl, den verdammten Anstieg endlich hinter sich gebracht zu haben.

In den Jahren 1925 bis 1930 nahm der Rummel in Rachling dermaßen zu, dass Zählkarten ausgegeben werden mussten, um dem Strom der Heilsuchenden auch nur einigermaßen standzuhalten. Der Ruf des Wunderdoktors, dem ein Blick ins Uringlas genügte, um Leiden ganzheitlich zu erkennen, verbreitete sich in Windeseile. Jung und Alt, Groß und Klein, Dick und Dünn, Arm und Reich wanderte, bewaffnet mit Bouteillen jeder Harncouleur, zur Frühmaschine nach Stainz. Die Wände des Zuges widerhallten von den sagenhaften Erfolgen des Kräutlsaft-Messias. Der Kurpfuscher von Rachling wurde zum gemachten Mann. Auch dank seiner geschäftstüchtigen Frau sowie seiner engsten Vertrauten, der Kräuter-Liesl, scheffelte das Unternehmen „Frühharn" so viel Geld, dass der Höllerhansl einen Gutteil davon unter der Bevölkerung verteilen ließ. Das festigte seinen Ruf erst recht. Der Strom der Kranken riss nicht ab: Der an Magenübersäuerung Leidende, der verwurmte Lehrbub, der nervengebeutelte Herr Oberlehrer, die hüstelnde Kerzerlschluckerin. Einmal soll der Herr Doktor aus dem trüben Trankl sogar das bevorstehende Kalben einer Kuh herausgelesen haben. Aber auch das schadete seinem Ruf nicht. Wer glaubt, zahlt. Wo kein Schaden, da kein Kläger. Und: Wo ka Kläger, do scho goa ka Richter.

Kaum hielt der Zug in Stainz, war kein Halten mehr. Die Waggontüren sprangen auf und die Menschen stürzten in wilder Hast aus dem Zug, liefen die Wiesen hinauf, in Rudeln oder als Einzelsprinter, die klirrenden Gläser schwingend, um nur ja zurecht zu kommen zur Nummernausgabe. Ein Automobilbus wurde angeschafft, um auch Gehbehinderte hinaufzuschaffen. „Z'sammrucken!", schrien die Buben, die an den Trittbrettern hingen und die Massen ins Wageninnere quetschten, und ab ging's zur Grotte des Wunderheilers. Der wartete bereits fröhlich winkend in der Türe, rechts die Frau Gemahl, links die Kräuterfee. „Nützt's nix, schadt's nix", so der Spruch auf der Rachlinger Alm.

Doch die Neider schliefen nicht, der Stainzer Wunderdoktor landete vor den Schranken kleinstädtischen Gerichts. Das Urteil war eine saftige Geldstrafe. Des Herrn Rates Begründung: „Unzulängliche Vorbildung des Angeklagten, der daraus dazu noch finanzielle Vortheile zog". Sei's drum. Eine hundertköpfige Menschenmenge erwar-

tete den Verurteilten, schulterte ihn in Richtung Bahnhof, hob ihn in den „Flascherlzug" und ab ging's in sein Reich, wo man ihn mit Ovationen empfing.

Der Höllerhansl scheint ewiges Leben zu besitzen. Auch heute noch, viele Jahre nach seinem Tod, erfreut er sich besten Angedenkens. Dass er kein Pfuscher und Scharlatan war, der aus Krankheit und Leid anderer Profit zog, lässt sich aus Niederschriften belegen. Der Herr Reinbacher Johann war natürlich alles andere als ein Wunderdoktor. Er besaß einfach das Gespür, jenen, die an ihn glaubten, aus so mancher Krankheit herauszuhelfen. Eine Portion Hausverstand, eine Würze Bauernschläue und ein bisschen angelesenes Wissen über Kräuter und Pflanzen genügten, um Menschen glücklich zu machen. Und das ist doch schon einmal gar nicht so wenig, halten zu Gnaden.

Die steirische Toskana

Unterwegs zwischen Leutschach und Ehrenhausen

Der Südsteirischen Weinstraße wird vieles nachgesagt: Prächtig gepflegte Weingärten, die sich hügelauf- und hügelabwärts hinziehen, freundliche Menschen, fruchtige Weine und stets geöffnete Buschenschanken. Als den „Herzschlag des Lebens" definiert sie eine der Sinnphrasen. „Steirerblut is koa Himbeersaft" heißt es anderswo. Im Klima der steirischen Toskana reift der Wein wie nirgendwo anders. Wo, wenn nicht hier, zählt die Traube. Pfiffige Weinbauarchitekten prägen neben schön revitalisierter Baukultur das Gesamtbild. Generationen von Hauern kultivieren und pflegen überliefertes Brauchtum rund um Streuobstwiesen und Fischteiche. Bis heute hat sich nichts daran geändert. Die rund fünfundzwanzig Kilometer lange Straße zwischen Leutschach und Ehrenhausen windet sich durch die größte Weinbauregion der Südsteiermark. Man kann sich kaum sattsehen an den steil abfallenden Weinbergen und kurvenreichen Wegen.

„Wer die Stille hier nicht erfahren hat, kennt nicht ihre Macht. Es gibt niemanden, der sich ihr entziehen kann,

Blick ins Land

geschweige denn einen, der nicht durch sie geprägt ist."
Gerhard Roth hat diese Zeilen geschrieben. Ende der Acht-
zigerjahre entstand hier, in dieser grandiosen Landschaft,
das Drehbuch zu seinem Opus magnum *Landläufiger Tod*,
das ich für ORF/ZDF verfilmen durfte. Es war dies meine
erste große Arbeit fürs Fernsehen und sie wurde, wie ich
erst viel später erfahren habe, 1991 beim Europäischen
Fernsehfilmfestival Reims als bestes Fernsehspiel Europas
ausgezeichnet. Roths Vorlage ist eine seismografische Be-
standsaufnahme des Landes und seiner Bewohner. Fiktion

versus Dokumentation. „Was diesen Nichtkrimi von anderen Nichtkrimis unterscheidet, ist der philosophische Entwurf. Der Mensch ist Teil der Natur, die Natur aber kennt keine Moral", urteilte Ulrich Greiner in der *ZEIT*.

Monatelang war ich damals im Haus meines groß gewachsenen Freundes zu Gast. Die Tage waren erfüllt mit Arbeit, die Nächte mit Backhendln und Wein. Tag für Tag bin ich losgezogen, ich wollte, ich musste nachvollziehen, was Roth lange vor mir recherchiert und katalogisiert hatte. Wie ein Anatom zog er durchs Land und nahm Bestand auf. Ich tummelte mich gewissermaßen in seinen Fußstapfen.

Bei der Geschichte vom „stummen" Franz Lindner und seinem Gegenpart, dem Mörder Alois Jenner, kommen alle zu Wort: die Steine, die Gedanken, die Menschen, die Tiere. Schon früh am Morgen bin ich, einem Schmetterlingsjäger gleich, über die mit Raureif bedeckten Hügel gewandert, vorbei an Weinstöcken, durch Wälder und Obstgärten. Ausgeruht habe ich mich an den Kachelöfen der Bauernstuben. Karpfen schmurgelten im Fett und der Nachschub an Schilcher versiegte nie. Ich folgte den Erzählungen meines Freundes und tauchte ein in den Mikrokosmos eines Landes, dessen Seele ich zu verstehen suchte.

Ist Genuss angeboren oder erworben? Bei der Frage scheiden sich die Geister. Noch ist die Sache wissenschaftlich nicht ausreichend belegt. Laut Sigmund Freud verspürt bereits der Säugling Lustgefühle, während eine andere Theorie besagt, dass Genussfähigkeit sozial erlernt werden muss und weitgehend durch das Umfeld geprägt ist. Das Institut für Genussforschung gab eine Studie in Auftrag, die zum Ergebnis kam, dass es geschlechtsspezifische Unterschiede gibt. Allgemein gilt Genuss als Entspannung.

Um ein Klischee zu strapazieren: Frauen tun dies auf ihre Art, beim Kaffeeklatsch, bei Wellness, beim Shoppen. Männer bevorzugen Action, im Fußballstadion, beim Sport, im Wirtshaus. Es gibt unterschiedliche Genusstypen: Geschmacksgenießer, Erlebnisgenießer, Alltagsgenießer und Couchpotatoes. Ich gehöre zur Wollmilchsau-Kategorie: der täglich erlebnishungrige, geschmacksorientierte Lehnstuhlkartoffel. Und besonders gerne tue ich dies mit einem vor Kälte vibrierenden Glas Weißwein in der Hand. Sei es Sauvignon Blanc, Gelber Muskateller, Welschriesling oder Chardonnay (Traminer- und Morillontraube) – da will ich nicht so sein.

Die Kultur des Weines ist beinahe so alt wie die Menschheit selbst. Wein als Produkt des Rebenanbaues wurde immer schon als Getränk der Götter angesehen. Der griechische Schutzheilige der Dippler, Dionysos, galt als mythologischer Urvater genussvollen Trankelns. Die ersten Rebstöcke lassen sich aufgrund von Fossilienfunden bis auf achtzig Millionen Jahre rückwärts festmachen. Kaum wurden unsere Vorfahren sesshaft, begannen sie Weintrauben zu ziehen. Die steinzeitlichen Hauer verstanden den optimalen Lesezeitpunkt abzuwarten. Die bislang älteste Kelteranlage wurde im Iran gefunden, nach heutigem Wissen um 7000 vor Christus. Der Genuss wurde hoffähig. Heute wird der globale weinwirtschaftliche Jahresumsatz auf fünfzehnhundert Milliarden US-Dollar geschätzt – ein Business auf Kosten der Gesundheit. Genuss und Unmaß sind keine Freunde. Stimulanz kippt schnell in Richtung „Lall". Das wollen wir nicht. Mit Recht distanziert sich die fröhliche Genussrunde von der Alk-Leiche. Dennoch erlaube ich mir in eigener Sache ein paar Gründe anzuführen,

In der Schönheit der Stille

weshalb Wein, ohne schlechtes Gewissen zu beanspruchen, wert ist, genossen zu werden:

- Ein Glas Rotwein am Tag ist gesund.
- Wein entspannt und fördert die Geselligkeit.
- Im Wein liegt die Wahrheit, er heilt gebrochene Herzen.
- Wein verkosten schärft die Sinne.
- Leere Botteln halten als Vase, Kerzenständer oder Nudelwalker-Ersatz her.

Eigentlich braucht es weder Anlass noch Entschuldigung, und schon gar keinen „Grund", ein Achterl Muskateller zu kippen. Können wir uns darauf einigen, dass er, in Maßen genossen, einfach herrlich schmeckt? Und basta.

Die Mathematik der Musik

**Hermann Jamnik, Knopfharmonikaerzeuger,
Sulztal 57, 8461 Ehrenhausen**

Da stehen sie, fein säuberlich geordnet in ihren schwarzen Koffern, gepolstert in Samt, und warten auf den Abtransport.

„Jedes Instrument, das mein Haus verlässt, ist wie eine Botschaft, die auf Reisen geht", sagt Hermann Jamnik.

Viele dieser Koffer verlassen das Haus und begeben sich auf große Fahrt. In die ganze Welt. Von Japan bis Neuseeland, von Südafrika bis ins Waldviertel. Die Kunden des Hermann Jamnik sind weit verstreut. Was ihnen gemein ist, ist die Warterei. Geduld brauchen sie im Übermaß, die Herrschaften Knopfharmonikaspieler. Geduld und ein bisschen Bares, das wäre auch nicht schlecht. Dafür aber bekommen sie ein maßgeschneidertes Instrument, im wahrsten Sinne des Wortes. Herr Jamnik und seine Mitarbeiter liefern Präzisionsarbeit.

„Der Kunde kommt und sagt, was er will. Das ist die Voraussetzung. Ich mache, was er bestellt."

Lange Gespräche gehen dem Produktionsprozess vor-

Im Reich der Töne

aus. Die Jamniks müssen wissen, was gewünscht wird. Eine ausführliche Liste ist auszufüllen. Der künftige Knopfist muss die Töne beschreiben, die er hören will. Das ist das Mindeste. Wie ist der Anschlag, wie die Klangfarbe? Welche Art von Musik möchte er spielen? Es ist schwierig, all das in Worte zu fassen. Herr Jamnik schreibt mit und der Kunde unterfertigt den Auftragsschein. Erst sehr viel später wird er das zu Tönen geformte Wunderwerk in Händen halten. Genau genommen zwischen den Händen. Denn genau in der Mitte befindet sich das Wichtigste, die Luft. Je nachdem, ob der Blasebalg gezogen oder gepresst wird, ändert sich der Ton. Außenrum liegen die „Körper". Linkshändig werden Bass und Harmonie bearbeitet, rechtshändig die Melodie. Das ist der Lack. Im Innenraum des Instruments befindet sich die Mechanik. Und jede Menge Fachwissen. Und das Wichtigste: Gefühl. Genau dafür ist Herr Jamnik nämlich weltberühmt. Keiner vermag eine Harmonika so zu bauen wie er.

Am Beginn der Nahrungskette steht der Künstler. Alles beginnt bei der Bestellung und endet mit dem perfekten Ton. Warum kann das der Jamnik? Er zuckt mit den Achseln. Er weiß es nicht. Doch, natürlich weiß er es, aber er ist zu bescheiden, es auszusprechen. Weil der Herr Jamnik *hinter* die Töne hört. Mit dem absoluten Gehör eines Künstlers („das immer in der Früh am besten ist") und dem logischen Denken eines Mathematikers ist er wie kaum ein anderer dafür prädestiniert, komplexe Klanggebilde herzustellen.

„Natürlich klingen alle meine Harmonikas unterschiedlich. Selbst wenn es gelänge, zwei idente Instrumente herzustellen, es würde keines dem anderen gleichen. Weshalb? Weil jedes seine eigene Seele hat."

Zwillinge gleicher Herkunft und identer Erziehung werden zu verschiedenen Menschen. So ist es auch mit den Holzkästen. Unterschiedliche Charaktere verbergen sich in den Resonanzräumen.

„Das Wichtigste ist und bleibt die Luft", sagt Herr Jamnik, „und wie sie genutzt wird."

Ich fürchte, ich verstehe nichts davon. Weder ist mein Gehör geschult genug, noch konnte ich je logisch denken, geschweige denn war oder bin ich Mathematiker. Der Knopferlbauer aus dem Sulztal, scheint's, kann beides. Und: Er ist ein begnadeter Handwerker. Auch das war ich nie.

Ich stehe in seinem weitverzweigten Anwesen. Einige

Häuser umschließen den vielkantigen Hof, in dessen Mitte ein Eisberg aufragt. In seinem Inneren befindet sich der Aufzug. Der Hof besteht aus zwei Etagen. In der unteren liegen die Werkstätten. Die Familie sitzt beim Frühstück. Obwohl ich mich artig angemeldet habe, fühle ich mich doch wie ein Fremdkörper. Bin ich ja auch. Herr Jamnik trinkt in Ruhe seinen Kaffee aus. Zuerst mag er plaudern: Was genau ich wissen möchte, ich möge die Fragen auf den Punkt bringen, er ist es gewohnt, präzise Antworten zu geben. Seine Welt dreht sich um Ais, Fis oder Es. Klarheit bitte. Ich konzentriere mich.

„Womit beginnen Sie zu bauen? Mit dem Material oder mit dem Kopf?"

„Mit dem Bauch", sagt er.

„Welche Hölzer verwenden Sie?"

„Bis zu hundert verschiedene."

„Wenn Sie die Augen schließen, erkennen Sie ‚Ihr' Instrument?"

„Beinahe immer."

„Vermissen Sie das fertige Stück?"

„Ich trenne mich nicht von ihm. Ich lege es nur weg." Herr Jamnik erhebt sich und wieselt ins Haus. Anruf aus Übersee. Ein Kunde erkundigt sich nach dem Baufortschritt.

„Welches Monat?", frage ich, als er wieder auf der Terrasse erscheint.

„Fünftes. Knapp über der Hälfte." Wir steigen in den Keller hinunter, eigentlich ins Erdgeschoß, denn die Familie wohnt oben, dem Himmel nah.

Wir gehen durch die Räume. Heute machen seine Mitarbeiter blau. Künstler dürfen sich hin und wieder auch

Musik besteht aus vielen Hölzern.

ausruhen. Die Werkstatt ist klinisch sauber. Kein Staubkorn. Die Abfolge von Räumen folgt der Entstehung des Werkstückes. Hightech, wohin man schaut. Die Maschinen erfüllen ihren Zweck, jede einen anderen. Gesteuert werden sie von der Kommandozentrale, die in einem Nebenraum untergebracht ist. Von hier aus werden die vorprogrammierten Schritte abgerufen. Der Ablauf ist vorberechnet. Jeder Draht wird von hier aus in Spannung versetzt, jeder Knopf bekommt seine gewünschte strukturelle Oberfläche. Es gibt unendlich viele Möglichkeiten, Form und Klang zu berechnen, zu bauen, zusammenzusetzen.

Herr Jamnik ist in seinem Element. Er tänzelt hierhin, dahin, dreht und wendet sich, betätigt Tasten und Schalter, öffnet und schließt Türen und zeigt mir eine Geheimmaschine nach der anderen. Die meisten sind Einzelanfertigungen.

„Ich sage, was ich brauche, und kluge Köpfe liefern." Der Meister öffnet die letzte, geheime Türe. „Jetzt passen S' auf. Das haben Sie noch nicht gesehen!"

In dem gekühlten Raum lagern hunderte Flaschen edlen Weines, in einer Ecke steht eine mannshohe Figur aus Holz. Ein befreundeter Schnitzer hat sie geschaffen. Er, der Jamnik, Herr über eine elektronische Wunderwerkstatt, die es ermöglicht, Töne mathematisch herzustellen, die Schwingungen und Vibrationen Hunderter verschiedener Hölzer in Emotionen und Gefühle verwandelt, der Schöpfer dieses Klanguniversums, bekommt Tränen in den Augen, wenn er eine simple, von Menschenhand geschnitzte Holzfigur berührt.

„Ist sie nicht schön?", fragt er und lässt seine Hand über Körperrundungen und Faltenwurf der Statue gleiten. „Das ist das Leben!"

Ich verabschiede mich von Herrn Jamnik, Knopferlharmonikabauer von Gnaden. Zum Abschied setzt sich der Meister in Positur und spielt für mich, den Adoranten, einen G'strampften. Und seit ich fühle, wo die Sehnsucht der Jamnik'schen Seele verborgen liegt, schätze ich ihn vielleicht noch mehr, den Mathematiker der Musik aus dem südlichsten Zipfel des Landes, dort wo jenseits des Gartens Slowenien beginnt. In seiner Welt aber gibt es keine Grenzen. Dort, wo Musik entsteht, befindet sich der Mittelpunkt der Erde.

Der diskrete Charme der Kernöl-Bourgeoisie

Kernölmühle Gernot Becwar, Herbersdorf 9, 8510 Stainz

Die heilende Wirkung sorgt für schönes, kräftiges Haar, eine gesunde Prostata und lindert einen zu hohen Blutdruck und Cholesterinspiegel." Das erfährt der neugierige Reisende, wenn er sich auf die Spur des Gernot Becwar macht, ehrenpreisdekorierter Kernöl-Verkoster und Multifunktionär in Sachen Regionalität, Kunst und Kultur. Was hat es auf sich mit der steirischen Wunderdroge, die jeder kennt, aber nicht jeder mag? Und: Woher kommt das schwarze Gold?

Ich brettere die Feldwege der Stainzer „Suburbs" entlang und lege eine Staubspur quer über die hügelige Landschaft Nord-Deutschlandsbergs. In Herbersdorf ist Schluss mit lustig. Wenn einer wissen will, wie das Ende der Welt

Das Kernölparadies

aussieht, hier erfährt er es. Ein paar wenige Höfe stehen da, Kinder starren dem Neuankömmling entgegen, Erwachsene verriegeln die Türen. Was will der Fremde? Die Siedler sind sich selbst genug, hier mag man keine Stadttypen. Ich schmiege den roten Untersatz an den Wiesenrand. Hier also. Ein lang gestreckter, niedriger Hof. „Ölmühle Herbersdorf" steht darauf. Angeblich ist es einer der noch original erhaltenen Betriebe, in denen das steirische Kürbisgold in traditioneller Weise hergestellt wird. Ich wage mich zum Hofeingang vor. Ein riesenhafter Kürbis steht in der Einfahrt. An der Wand ein paar Planketten und Auszeichnungen. Schautafeln veranschaulichen die Herstellung des Öls. Ich bin an der Quelle. Der Hof liegt da wie das Set eines dieser herrlichen französischen Filme mit Michel Piccoli, in dem die große Familie im tiefen Süden Frankreichs um

Alte Presse

den reich gedeckten Tisch auf einer schicken Terrasse unter cremefarbenen Sonnensegeln sitzt, die Kristallkelche bis an den Rand mit frostkaltem Rosé gefüllt, und alle schnattern in bester Ferienlaune durcheinander, tunken Weißbrot in die Teller, verschlingen Berge von Pasteten und Käse, Salat und Obst, die Kinder Eis und Spaghetti, und alle sind tief gebräunt von der Sommersonne, bis auf Stéphane Audran, deren Porzellanteint ihrem stressigen Job als Immobilienmaklerin in der fernen Hauptstadt geschuldet ist, und die, kaum angekommen, die fesche junge Frau an der Seite ihres Mannes entdeckt, gespielt von Geneviève Page. Klappe.

Wie aufs Stichwort erscheint Luis Buñuel oder Claude Lelouch oder François Truffaut – oder eben Altmeister Gernot Becwar selbst, wobei der so tut, als kennten wir uns lange schon, mir jovial auf die Schulter klopft, wie es Filmmogule nun einmal tun, und während ihm seine Frau die Schürze umbindet, sind wir schon mitten im Kernölthema, bei dem sich Genuss auf Gesundheit reimt und sich mit der sonnendurchfluteten Identität der Südsteiermark bindet.

Feinschmecker, Genießer und Kenner sind sich einig: Kürbiskernöl weckt Leidenschaften, ist vielseitig einsetzbar und naturbelassen, kurz, es ist die kulinarische Spur des Landes. Kein Zufall, das gemäßigte Klima, die milden, sonnigen Tage sorgen für bestes Gedeihen. Die dickbauchigen Samen der im Spätsommer gelb-grün gereiften Ölfrucht sind das Ausgangsprodukt. Etwa zweieinhalb bis drei Kilo braucht's für einen Liter dunkelgrünen Saft. Meister Becwar dirigiert mich durch seinen Bilderbuchgarten zu einem Bilderbuchkeller, Relikt des einstigen Bilderbuchschlosses Herbersdorf, in dem die fetten Kerne schonend zwischen zwei Steinen gemahlen, im mit „Scheiterholz" sanft erhitzten Kessel geröstet werden (wobei der „Ausschläger" den richtigen Zeitpunkt immer noch intuitiv bestimmt) und der verbleibende Kernölbrei schließlich umweltfreundlich gepresst wird.

Jährlich beurteilen staatlich geprüfte Kernöl-Sommeliers, von weither angereiste Damen und Herren, die besten steirischen Produkte, indem sie das fertig gepresste Öl verkosten und, neben chemischer Analyse der Kerne und deren Farbe, das Endprodukt hochnotpeinlich bewerten. Die Hofbesitzer sind vielfach ausgezeichnete Ölpresser. Auf ihn, Meister Becwar, geht sogar der Markenname „Steirische Ölspur" zurück. Was will man mehr? Der Kunstfreund, der mit Szenegrößen wie Peter Turrini, Elke Huala, Günter Brus oder Wolfi „weiland" Bauer, um nur einige zu nennen, auf Bussi-Status steht, veranstaltet auf seinem Anwesen eigene Musik- und Lesesoireen.

Gattin Ulrike hat längst schon den hiesigen gelbfüßigen Wiesenkratzer (aka Sulmtaler Hendl) im Schmalzöl herausgebacken und platziert ihn punktgenau auf den Mittagstisch – kaum dass die Führung zu Ende ist. Dazu gibt's Salat, nicht zu knapp im hauseigenen Öl geschwenkt, in den Kristallgläsern perlt der eiskalte Schilcher und dann wird gegessen und getrunken, ein Wort gibt das andere und man scheidet als Freund und fühlt sich wie in einem dieser herrlichen Filme von Buñuel oder Lelouch oder Truffaut, nur dass der diskrete Charme der Bourgeoisie gottlob außen vor bleibt.

Beschwingt löse ich mein Fahrzeug vom Wiesenrand und danke dem auf das alles mildtätig blickenden Schutzheiligen der Sulmtaler Gaumenfreuden, dem heiligen Becwar, mit einem tiefen, kernölgesättigten Grunzer (zum Wohle meiner Prostata) und dringe weiter und tiefer vor in das Hinterland der Kerne und Trauben, der südlichen Steiermark.

Steiermark-TIPPS

Bergiges

Zwergenberg in Waldbach:
Waldschrate, Kasperln und Fabelwesen, Bergwerke und Mühlräder, alles bewegt sich und nichts steht still. Eine Wunderwelt für Groß und Klein. 8253 Waldbach

Klapotetz auf den Hügeln:
Zur Zeit der Weinlese klappert es besonders heftig. Holzräder versuchen Vogelangriffe aus der Luft zu bannen. Die Sprache des Windes. 8454 Arnfels

Dachstein Gletscherwelt:
Sky-Walk, Treppe ins Nichts und Eispalast. Ein Sinneskitzel der besonderen Art. Nichts für schwache Nerven. 8972 Ramsau am Dachstein

Kurioses

Fuchsbau:
Maler Ernst Fuchs hat sich was getraut – ein Sakralbau höchster Merkwürdigkeit, eine Mischung aus monolithischer Großmannssucht und neo-sarazenischem Gestaltungswillen. Achtung: Sinnesattacke! Pfarrkirche St. Jakob, 8051 Thal

Schlossbergrutsche:
Vom Berg zur Stadt hinunterfallen: Hundertfünfundsiebzig nicht enden wollende Meter in rasender Geschwindigkeit. Achtung: Frühstücken! 8010 Graz

Hofbrauerei Moarpeter:
Im Biergarten rennt der stoarische Schmäh und das Bier fließt in Strömen. Eine der kleinsten, aber feinsten Brauereien, in der der Chef auch herausragenden Whisky brennt. Achtung: Promillegefahr! Vockenberg 46, 8223 Stubenberg am See

Oberösterreich

Die Sprache der Muße

Gedanken über Oberösterreich

Zwölftausend Jahre ist es her, dass der Gletscher schmolz. Der Salzachgletscher. Im südlichen Innviertel hinterließ er riesige Moore, die die Menschen zunächst mieden, später dann zum Torfstechen nutzten. In jüngster Zeit stellte man sie unter Naturschutz. Zum Glück. Hier ist Entschleunigung angesagt. Keine künstlich angelegten Aqua-Paradiese oder Comic-Themenwelten, sondern rundum bodenständige Wirtshauskultur. Und Natur. Regionalität ist die Devise. Von hier bis zur Dividende ist es dennoch nicht weit. Soll ja auch nicht. Aber das Öko-Gewissen ist beruhigt und vor allem die Schädigung der Umwelt hält sich in Grenzen.

Man muss seine Sinne schärfen, andernfalls man blind und taub durch Zauberwelten geht. Vom Zusammenfluss Salzach/Inn bis zum Nationalpark Kalkalpen, von den Ausläufern des Böhmischen Waldes im nördlichen Mühlviertel bis zu den Seen des oberösterreichischen Salzkammergutes, vom Dachstein, dem Großen Priel und dem Traunstein bis hinüber zum Schafberg, vom Sauwald bis zum Kobernaußerwald – Oberösterreich ist prallvoll mit Natur. Nichts aber erfüllt den Muße suchenden Städter so sehr mit Glück wie die gottselige Ruhe, die diese Paradiese ausstrahlen.

Sei es während eines Spazierganges am betörend schönen Ufer des Wolfgangsees, einer Wanderung über das hügelige „Traum-Land" Alfred Kubins, auf Spurensuche nach den verlorenen Tönen der Maultrommeln in Molln oder auf meinem willkürlichen Rastplatz in der Nähe des Sehnsuchtsortes Ibm. Ich lege meinen Kopf auf einen flachen Stein und schließe die Augen.

Es ist früh am Morgen und die Tiere des Moors richten sich auf ihr Tagewerk ein. Während der Zeit, die ich hier verbringe, bin ich Teil ihres selbstverständlichen Seins. Wie um einen Stein im Bachbett bahnt sich die Natur ihren Weg um mich herum. Kleine, geschäftige Lebewesen folgen ihrer Bestimmung, sind sich selbst genug und profitieren vom Tun des Nächsten. All das Treiben setzt sich zu einem unentwirrbaren, Sinn machenden Ganzen zusammen. Dieser Mikrokosmos ist über jeden Interpretationsversuch erhaben und belässt es beim Wunder der Alltäglichkeit. Ich bekomme nicht genug davon, die Vielfalt rundum zu betrachten, und empfinde mich alsbald als Mittelpunkt expressiver Bildkompositionen eines Jackson Pollock. Gegen und mit der Spur des Einzelnen ziehen Linien über eine imaginäre Bildleinwand, ergänzend, verstörend, bereichernd. Jede dieser Bahnen steht für das Überleben einer Art.

Ich nehme zwei dunkle Punkte wahr, die mich wohl schon eine Zeit lang anglotzen. Ein Sumpfkrötling hat mich im Visier. Mit seinen knopfrunden Augen betrachtet er mich und ich vermag mich nicht zu lösen von dieser seltsamen Vereinnahmung. Was mag der Kleine mir sagen wollen? Unsere Blicke ruhen ineinander und verschmelzen mit der süßen Ruhe, die sich über die Welt legt und mich geborgen hält. Ich empfinde mich eins mit diesem kleinen, dicken

Lebewesen. Für kurze Zeit existiert die Wesensgleichheit von Mensch und Natur, als Einheit allen Lebens.

Ich muss eingenickt sein und ehe ich das Leben rund um mich wie ein kostbares Geschenk wieder empfange, ist der kleine Kerl auch schon verschwunden.

Hier, im Ibmer Moor, begegne ich der Muße. Und nicht viel anders erging es mir an vielen weiteren Plätzen auf meiner Reise durchs Oberösterreichische. Nur der nimmt all das wahr, der sich einlässt auf die leise Sprache einer Welt, die immer schon da war und immer da sein wird. Man muss hören, was es zu hören gibt, und sehen, was es zu sehen gibt. Und seien es auch nur Schmetterlinge, Vögel, Schachtelhalme oder – einen ganz gemeinen Sumpfkrötling.

Die Vielfalt der Landschaft, die Schönheit der Natur und die freundliche Kauzigkeit der Menschen hier hat eine Entsprechung in der Fülle an Stadtgeschichten, die die vermeintliche Industriestadt Linz bereithält. Die Überraschung glückt. Die Fülle an Kunst-Interventionen in öffentlichen wie geschlossenen Räumen ist bemerkenswert. Pars pro toto sei auf die Graffitis im Linzer Hafen verwiesen. Wortlose Aufmerksamkeitsschreie, die von Angst und Verzweiflung erzählen. Und von Einsamkeit. Kommentar unserer Zeit? Wohl nicht der einzige, aber ein bemerkenswerter. „Urban Explorer" heißen die, die die Stadt auf kühne Art für sich vereinnahmen. Im radikal kunstsinnigen Linz lerne ich sie und ihre fantasievoll grenzenlose Sprache kennen.

Alea iacta est

**Würfelspielgemeinde Frankenburg,
Badstraße 7, 4873 Frankenburg am Hausruck**

D ie Würfel sind gefallen." Das Wort „alea", ein Singular-
Wort, meint „Würfeln" als Gesamtheit, als unumkehr-
bare Tatsache. So könnte die Überschrift eines der schau-
rigsten Kapitel des beginnenden Dreißigjährigen Krieges
lauten. 17. Jahrhundert: Das oberösterreichische Frankenburg ist zwischen die Fronten geraten. Der Habsburgerkai-
ser hat das Land oberhalb der Enns an die Bayern verpfän-
det. Und die greifen durch. Die protestantische Gemeinde
soll, wie viele andere auch, nach Meinung von Maximilian
I., Herzog von Bayern, wieder katholisch werden. Gegenre-
formation heißt das im Fachjargon. Die Bevölkerung wehrt
sich mit Zähnen und Klauen. Der Remissionierungspfarrer
wird verprügelt, über die Felder gejagt, und das Schloss
Frankenburg inklusive (bayerische) Statthalterei belagert.
So viel Ungehorsam verdient Züchtigung. Adam Graf von
Herberstorff, gestrenger Herr über Land und Leute, will die
Rädelsführer nicht nur bestrafen, er will sie brechen.

15. Mai 1625, drei Uhr nachmittags. Vom Kaufmann
bis zum Knecht, ganz Frankenburg hat sich außerhalb des
Dorfes versammelt. Eine angespannte Ruhe liegt über dem

Haushamerfeld. Herberstorff, der Statthalter, hat drei Geschütze zusammengezogen und in weitem Bogen rund um eine riesige alte Linde positioniert. Ihm gegenüber sechstausend seiner Untertanen. Mit fester Stimme ergreift er das Wort und erklärt einen Teil der Rebellen für begnadigt. Vierunddreißig Frankenburger aber sollen gegeneinander antreten: im Würfelspiel. Wer gewinnt, kommt frei – wer verliert, wird gehängt. Hier

Willkommen in der Festspielgemeinde

und jetzt. Der Scharfrichter steht, die Arme verschränkt, neben dem Baum. Mit sadistischem Vergnügen blickt er in die entsetzten Gesichter der Frankenburger. Zwar sind die Rädelsführer des Aufstands geflohen, aber Gemeindevertreter und Ratsmitglieder sind anwesend. An ihnen soll das Exempel statuiert werden. Die Würfel fallen. Männer und Frauen knien nieder. Der Henker vollzieht sein Amt. Alea iacta est.

Dreihundert Jahre später wird des historischen Ereignisses gedacht. Der Journalist Karl Itzinger, ein Sympathisant nationalsozialistischer Gesinnung, wurde auserkoren, ein Gedenkspiel über die grausigen Ereignisse zu verfassen. Er tut es und das „Würfelspiel" macht Furore. „Blut und Boden" ist das Schlagwort der Stunde. Der von Itzinger scharf formulierte Anti-Katholizismus auf der einen Seite und der germanisch-nationale Bezug auf der anderen passt prächtig ins Konzept des beginnenden Faschismus. Alle Augen ruhen auf Frankenburg. Der Erfolg der neu gegründeten

Das Frankenburger Würfelspiel

Festspiele ist enorm. Hunderte Mitwirkende und ebenso viele Zuseher versammeln sich um die Blutlinde.

Jahrzehnte später, nach dem großen Krieg, wird der Text entideologisiert und der soziale Kampf und das regionale Märtyrertum in den Vordergrund gestellt. Rebell versus Staatsgewalt. Die mit Abstand größte Natur-Freilichtbühne Österreichs beginnt ihren Siegeszug ausgerechnet mit dem historischen Spiel um Leben und Tod. Seither spielen die Frankenburger im Zwei-Jahres-Rhythmus, und nach wie vor strömen die Zuschauer in Massen herbei. Die Einwohner der kleinen Hausrucker Gemeinde erfahren späte Genugtuung: Der heldenhaften Taten ihrer Ahnen wird in aller Öffentlichkeit gedacht. Rollen vererben sich vom Vater auf den Sohn, die Inszenierungen aber werden laufend einer Revision unterzogen. Die ungebrochene Begeisterung um die Kraft des Theaters hat so manche Unebenheit im Umgang mit der Vergangenheit geglättet.

Dazu braucht es einen, der manches zurechtrückt. Das personifizierte Gewissen der Festspiele, Herr Gymna-

sialdirektor Hans Gebetsberger, ist noch nicht lange Herr über fallende Würfel. Vierhundertfünfzig Mitwirkende auf der Wiese und ebenso viele Helfer hinter dem Buschwerk heißt es zu dirigieren. Keine leichte Aufgabe. Dazu hat der Regisseur selbst Hand angelegt und die Chose zeitgemäß bearbeitet, weibliche Charaktere beigefügt und die Rollen nach Talent und nicht nach Erbfolge neu besetzt. Dass dabei keine Federn geflogen wären, wer wollte das glauben. Aber die Möglichkeit der Kunst verhüllt auch dies. Erfolg ist ein gutes Argument. Besucherrekorde werden aufgestellt, bis zu dreitausend Zuseher verfolgen gebannt die historischen Ereignisse in zeitgemäßem Kontext.

„Theater erfüllt bei uns eine gesellschaftspolitische Aufgabe, weit über soziale Aspekte hinaus. Theater als Aufarbeitung, als therapeutischer Effekt." Herr Gebetsberger redet sich in Rage. Die Würfel haben in Frankenburg mehr als symbolisch-historischen Charakter, sie sind längst zugunsten des „Miteinander" gefallen.

Wir stehen unter dem riesigen Baum und ich staune

über den verdeckten Erdhaufen (Souffleurkasten), über die prächtige Naturarena (Felder, so weit das Auge reicht) und das benachbarte Waldstück mit den windschiefen Hütten (Hunderte Komparsen werden geschminkt und mit Requisiten versorgt).

„Kostümieren müssen sie sich zu Hause, dazu hätten wir hier keinen Platz. Wenn sie dann mit ihren historischen Kostümen, Pferden und Waffen über die Hügel kommen, weiß man schon nicht mehr, ob sie privat oder dienstlich unterwegs sind."

Das historische Spiel zieht alle in seinen Bann. Theater und Realität lassen sich kaum noch trennen. „Ich bin stolz auf die Frankenburger."

Finden hier tatsächlich die Grundmaximen von Theater statt? Theater als magische, luzide Anderswelt – geheimnisvoll, von erhellender Klarheit, als ein Ort, der die Zeit beschleunigt oder verlangsamt, der den Schrei ebenso gelten lässt wie den Moment der Stille? Verantwortungsvolles Theater ist immer auch ein Gradmesser seiner Zeit, ein Sprachrohr für gesellschaftliche Zusammenhänge, ein Freiraum zum Denken und Spielen, das ebenso aus dem Bauch kommt wie aus dem Kopf. Theater rührt ans Herz der Dinge. Es ist Poesie, Erotik, Verführung. Es lässt uns die Spielregeln des Lebens auf eine sehr sinnliche Art begreifen, es ermöglicht eine Reise in die Vergangenheit wie in die Zukunft, es reflektiert, das vor allem, die Gegenwart und berührt die Abgründe menschlicher Existenz. Theater macht Mut zum Mutigsein. All das haben die Frankenburger mit ihrem couragierten Herrn Schuldirektor begriffen. Kann Theater mehr bewirken? Wohl nicht. Macht weiter so, ihr Spieler! Denn: Würfeln ist immer noch ein Spiel. Wenn auch mitunter ein existenzielles.

Farbenlehre

In Linz beginnz

Das gelbe Gold:

Abschalten und Auftanken inmitten eines Betriebes mit über hunderttausend MitarbeiterInnen, Bienen und Honig. Bienenhof Attersee, Neuhofen 5, 4864 Attersee

Die Schönheit Tabakfabrik:

Kantinenbesteck und Fassade, Maschinenhalle und Türschnalle – Industriedesign des Stararchitekten Peter Behrens. Architekturrelikt aus den Roaring Twenties. Tabakfabrik Linz, Ludlgasse 19, 4020 Linz

Das weiße Pferd:

Von Peter Alexander bis Waltraut Haas, von Gründgens bis zur Hoppe. Auf der Seeterrasse sitzen und in Ohrwürmern baden. *Im Weißen Rössl,* Markt 74, 5360 St. Wolfgang

Der Moloch VOEST:

In den Öfen kochen Tag und Nacht Tonnen von Stahl. Im toll gemachten Museum kommt man dem Moloch auf die Schliche. Zeitgeschichte MUSEUM voestalpine, voestalpine-Straße 1, 4020 Linz

Der schwarze Graf:

Auf den Spuren des revolutionären Arbeitgebers, wohltätigen Industriellen und Sensen-Gottes Caspar Zeitlinger. Sensenschmiedemuseum, Gradenweg 9, 4563 Micheldorf

Das Erzählhaus Nordico:

Geschichten über Kunstwerke und Raritäten, Großbürger und Kleinstädter. Wer alles über die Landeshauptstadt erfahren will, ist hier goldrichtig! Dametzstraße 23, 4020 Linz

Am Sauwipfl

**Baumkronenweg,
Knechtelsdorf 1, 4794 Kopfing**

Eichhörnchen huschen wie drollige Gespenster an mir vorbei, halten an, rümpfen ihre Nasen, putzen sie und setzen ihre purzelnde Verfolgungsjagd zwischen Zweigen und Ästen fort. Ihre Welt ist ernsthaft in Gefahr. Andersartige Wesen haben ihr Refugium zwischen Himmel und Erde erobert. Früher waren sie Alleinherrscher, hoch oben in den Baumkronen. Damals halfen sie alle noch kräftig mit: Zweig um Zweig wurde in mühevoller Kleinarbeit herbeigeschafft und bald schon ertönte aus den Geburtskobeln erstes, zaghaftes Fiepsen. Mami und Papi Eichhorn waren mächtig stolz auf ihren Nachwuchs. Nach und nach kamen die Großen, um die frisch geschlüpften Geschwister zu begrüßen. „Wie süß sind die denn", sagten sie, aber Mutter scheuchte sie bald wieder baumabwärts, die Neuankömmlinge brauchten schließlich ihre Ruhe.

Damit war es eines Tages vorbei. Arbeiter zogen in den Wald, zu den Tannen, Eichen und Buchen, und begannen laut gegen die Stämme zu trommeln. Die Menschen beanspruchts das Terrain der kleinen Nager für sich. Verwirrung herrschte droben in den Baumwipfeln. Vögel, Insekten, Eichkätzchen, alle waren in Aufregung. Generationen von Waldtieren, deren Überleben von der Ruhe des Waldes und der Tarnung in den hohen Bäumen abhing, mussten ihre Abgeschiedenheit gegen die Anwesenheit der Fremdlinge eintauschen.

Irgendwann verstummte das Sägen, das Hämmern, das Ächzen der Flaschenzüge. Ein riesengroßes Gerüst stand da. Und mit ihm kamen die Menschenkinder. Ab nun tönte Geschrei durch die Stille. Die Hörnchen mussten sich umgewöhnen, denn das Lachen und Kreischen der Zweibeiner verstummte nicht mehr. Der Baumkronenweg, einer der längsten seiner Art, nur einen Steinwurf von der bayerischen Grenze entfernt, mit einer Höhe bis zu fünfzehn Metern über dem moosigen Waldboden, war fertig gebaut. Vorbei war's mit der Ruhe. Die Tiere des Waldes fielen vor Schreck von den Zweigen. Das Original zieht andere Besucher an: Menschen, die den Wald so erleben wollen, wie es bislang den Tieren vorbehalten war.

Ich beobachte eine Eichhörnchenfamilie, die wohl noch nie die Abgeschiedenheit ihrer Vorväter erlebt hat. Der Fortschritt macht auch vor den Tieren nicht halt. Der Wald erinnert an den „Bosque pintado" im spanischen Baskenland, nahe Bilbao. Dort sind die Stämme gar bemalt und ergeben ein perspektivisches Gesamtkunstwerk. Hier, im oberösterreichischen Grenzland, sind unzählige Schautafeln an den Bäumen angebracht. Auf ihnen kann man über die Tiere lesen, die früher hier gelebt haben. Viele, viel zu viele Besucher strömen in das Waldstück im südlichen Ausläufer des Sauwalds zwischen Donau und Inn und rauben den Tieren ihren Lebensraum. Die Waldbewohner sind längst weitergezogen, denn hier gibt es genau das nicht

Der Baumkronenweg

mehr, was sie zum Überleben brauchen – Ruhe und Abgeschiedenheit. Dafür erlebt der Besucher eine außergewöhn-
liche Perspektive: den Blick von oben. Wo sonst kann man
die Welt aus der Sicht der Hörnchen und Vögel betrachten.
Der spektakuläre Stelzenweg macht den Wald aus luftiger
Höhe neu erlebbar. Kinder erfahren von kundigen Führern
alles über die Region, was sie sonst nicht erfahren könnten,
denn der Wald in seiner ursprünglichen Form existiert hier
nicht mehr. Fortschritt und Innovation beißen sich in den
eigenen Touristenschwanz.

Wenn die ersten Herbstwinde durch den Wald fegen
und an den Kronen der Bäume rütteln, müssen sich die
Hörnchen heute an den glatten Stämmen der Gerüste fest-

klammern, um nicht ihr Gleichgewicht zu verlieren, bevor sie mit den Vorbereitungen für die bevorstehende kalte Jahreszeit beginnen. Denn noch ehe die Welt mit einer frostigen Decke aus Eiskristallen überzogen ist, muss der Vorrat eingebracht werden: Nüsse, Eicheln, Kerne, Samen. Sie schwärmen in Gruppen aus, als Späher, Buddler und Sammler. Schon von klein auf sind sie daran gewöhnt, ihre Augen offen zu halten. Sie überbieten sich geradezu im Aufstöbern fantasievoller Verstecke, die von anderen Hörnchen nicht entdeckt werden. Ganze Kohorten setzen sich in Bewegung und schleppen die Beute kreuz und quer durch den Wald. Größte Sorgfalt muss dabei aufgewendet werden, um mögliche Feinde frühzeitig zu erkennen. Hörnchen gelten als schmackhaft, der Menüplan vieler Tiere ist auf sie ausgerichtet. Wiesel, Marder, Wildkatzen und so manche Vogelart werden peinlichst gemieden.

Ich überquere das Erlebnisgerüst nebst Abenteuersteg, wo klirrende Ketten hoch oberhalb des Waldbodens ein lautes metallisches Geräusch erzeugen, passiere den Erlebnisturm nebst YOUEXIT, das „höchst gelegene Waldfluchtspiel der Welt", lasse den fünftausend Quadratmeter großen „Children's Garden", inklusive Riesenschaukel, Niederseilgarten und Tunnelrutsche sowie das Open-Air-Gelände des Weihnachtsmarktes und das großzügig angelegte Baumwipfel-Hotel hinter mir und

gelange zum Waldrestaurant *Oachkatzl*. Dort ruhe ich mich von all den Bespaßungen aus. Ein Eichhörnchen hockt da und starrt mich aus angstvollen kugelrunden Augen vorwurfsvoll an. Der buschige Schwanz zittert, er ist eng an den kleinen Körper geschmiegt. Ich trete den Rückweg an. Auch ich habe seine Welt für heute nachhaltig gestört.

Kurz vor dem Parkplatz kippt meine Laune endgültig: Eine Bude steht da und ein Typ verscheuert Fotos, die von jedem Besucher am Beginn der kleinen Wanderung vor einer Waldfototapete geschossen werden. „Der Wald den Tieren!" steht darauf. Ich starte den Wagen, verlasse den Sauwald und denke, dass er seinen Namen wohl nicht zu Unrecht trägt.

Das Geschenk des Wissens

Maultrommeln Wimmer-Bades,
Im Sperrboden 1, 4591 Molln

Fährt man vom lieblichen Städtchen Steyr über Sierning und Aschach in Richtung Steinbach und dann weiter nach Obergrünburg, gelangt man nach Molln, eine überschaubare Marktgemeinde im Bezirk Kirchdorf, mitten im schönen Traunviertel. Der Ort beherbergt dreieinhalbtausend Einwohner und liegt am Rande des Nationalparks Kalkalpen, direkt unterhalb des Rammelspitzes. Es gibt einen Bürgermeister, einige Schulen, ein Gemeindezentrum, ein paar Gasthäuser, eine Wallfahrtskirche sowie einen Friedhof, auf dem der in den Sechzigern beliebte „Straßenfeger" Hans-Joachim Kulenkampff seine ewige Ruhe fand.

Früher war Molln eine Hochburg des Handwerks: Schaufelhacker, Schüssler, Drechsler, Schlitter und Backtrögler machten sich hier die Hände rissig. In den benachbarten Orten ging's nicht minder emsig zu. Dort lag das Tal der Nagelmacher, der Taschenfeitler, der Messerer. Die Kalkälpler formten und bogen, hämmerten und feilten, fällten und sägten. In Molln aber tat sich Einzigartiges. Aus gezählten dreiunddreißig Häusern klangen Töne, die zu Herzen gingen. Erzeugt wurden sie mit dem Mund, besser gesagt mit dem Maul. Ein Blick auf das Gemeindewappen klärt auf: Rechts eine Blüte, links ein Stern und in der Mitte, aufrecht wie eine Primel, die Maultrommel. Das Dörfchen, g'schamster Diener, war seit dem 16. Jahrhundert deren Hochburg.

Ich besuche einen der beiden Überlebenden der sinnlichen Ober- und Untertöne, den Seniorchef der Maultrommlerei Wimmer-Bades, höchstselbst.

„Warum die Trommel zu uns kam, vermag ich nicht zu sagen", beginnt er seinen atemlosen Vortrag über Ästhetik und Klangvielfalt des kleinen Instruments. Zweihundert Menschen haben einst davon gelebt. Und gar nicht schlecht: Geschätzte acht Millionen Stück gingen pro Jahr über die Budel. Weltweit. „Verlegerhäuser" wie das Bummerlhaus in Steyr haben sich um das Vertriebsnetz gekümmert. In Molln wurde gebogen, gestimmt, gespielt. Über dem Tal lag eine Wolke aus Tönen und Klängen. Das Paradies.

„Warum gerade hier?"

„Keine Idee. Vielleicht weil die VOEST in der Nähe ist. Die Maultrommel besteht ja aus Metall, vor allem aber aus einem Stück Draht. Der erzeugt den Ton. Tatsächlich gibt es das Instrument seit zweitausend Jahren."

Niemand Geringerer als Marco Polo, der Weltenbummler (und Erfinder des nach ihm benannten Shirts), hat es via Seidenstraße nach Molln gebracht.

„Marco Polo?", frage ich.

„Nicht er. Sein Sohn."

Herrn Wimmer juckt es in den Fingern. Er nimmt ein

Maultrommeln in Molln
– das immaterielle Kulturerbe

Ein Walzer auf einer vietnamesischen Dan Moi

vierkantig geschnittenes Metallstück zur Hand, formt, biegt, schnippt, dreht, knickt und – hält mir eine winzig kleine Lyra hin.

„Gewusst, wie!"

Der Meister strahlt und führt sie zum Mund. Er zupft an der Metalllippe und gibt einen seufzend molligen Ton von sich, der sich ins Ohr schmiegt wie ein Marshmallow an den Gaumen. Es surrt, seufzt und stöhnt. Das kleine Ding und der alte Mann geben die wunderlichsten Laute von sich. Die Füße wippen, das schwebend-meditative Klangbild erzählt von Ferne. Der Seniorchef schließt die Augen und spielt sich weg. Sein plötzlich junger Körper löst sich auf. Dann legt er das Instrument vor sich auf den Tisch und betrachtet mich. Lange. Seine Augen sind feucht.

„Woher kommt das alles?", frage ich.

„Ich war immer überzeugt davon, dass alle Menschen

auf der Erde die gleichen Träume haben, dieselben Melodien in sich hören, dass die Töne, die hier in Molln ihren Ausgang nehmen, überall gleich empfunden werden. Viele im Ort wollten das nicht wahrhaben. Also habe ich mich auf den Weg gemacht und habe sie gesucht, die Sehnsucht. Die Musik, von der wir dachten, dass sie unsere ist, gibt es auf der ganzen Welt. Überall dort, wo Menschen leben und träumen. Ich war bei den Jakuten und in Irkutsk, in Sulawesi und bei den Ainu auf Hokkaido. Ich war in Rangun, Papua-Neuguinea und auf den Philippinen. Überall hören sie die gleiche Musik. Und träumen die gleichen Träume. Und als ich wieder zurück war, habe ich Musikanten aus der ganzen Welt in unser kleines Dorf eingeladen. Zweiundzwanzig Nationen kamen und wir haben miteinander musiziert. Das war schön.“

Und alle waren glücklich. Aber das sagt er nicht, das denke ich mir. Dann kramt der alte Mann eine vergilbte Schatulle hervor, darin liegen fein säuberlich angeordnet – Maultrommeln. Aus der ganzen Welt. Und was für welche! Geformt sind sie aus Holz, Messing und Bambus, sie stammen aus Indonesien, Vietnam und Malaysia. Und dann beginnt er erneut zu spielen. Diesmal *An der schönen blauen Donau*, auf einer vietnamesischen Dan Moi. Und das ist so überraschend und es klingt so überirdisch schön und die Idee dahinter, die ist so ... so simpel.

Ich schließe die Augen und beginne zu verstehen, was der Alte lange vor mir schon begriffen hat, hier in seinem aus der Zeit gefallenen Mollner Leben. Und ich danke ihm für die Gastfreundschaft und für das Geschenk des Wissens und ich mache mich auf den Weg. Vielleicht auch, um die Sehnsucht zu suchen – und meine Träume zu finden.

Die Hoffnung

Mural Harbor, Graffiti-Kunst und Murals im Hafen Linz, Industriezeile 40, 4020 Linz

Bewegt man sich durch den Linzer Hafen, stößt man auf riesige bunte Bilder. Mauern, ansonsten grau und trist, mutierten zu urbanen Kunstprojekten. Meist entstehen die farbenfrohen Wandmalereien an der Peripherie, in Industriegeländen, unter Brücken, auf U-Bahnen oder sonstigen Zügen, an Fabriks- und Feuermauern. In Linz breitet sich der Krake auch am Wasser aus. Der Oberbegriff der Hierarchie in der Kunstsystematik lautet „KÖR – Kunst im öffentlichen Raum", eine der Unterarten ist Graffiti. In der Regel wird auf Konsens und Beteiligung der betroffenen Eigner geachtet.

Die Stadt Linz versteht sich als ein kommunales Miteinander, dessen Ziel (unter anderem) die Förderung sozialen Zusammenlebens mittels Kunst ist. Ein beispielgebendes Unterfangen, das man sich auch andernorts wünscht. Kunst kann zu viel mehr nutze sein, als bloß dem Bildungsbürgertum zu einer harmlosen Abendunterhaltung zu verhelfen. Kunst gibt die Vielfalt einer Stadt wieder, ist Grundnahrungsmittel sowohl der Jugend als auch jener Gruppen, deren leise Stimme vom Rumoren des Durchschnitts über-

Mural Harbor

tönt wird. Allerorten erzählen bemalte Häuser und Mauern Geschichten und seien sie auch nur Ausdrucksmittel einer Jugendkultur, die schriller und waghalsiger nicht sein könnte. Horden von Touristen folgen hoch in den Himmel gereckten Regenschirmen, äußeres Anzeichen innerer Geschäftsgier. Fremdenführer hetzen Pauschaltiger von Haus zu Haus, von Mauer zu Mauer und erzählen das Blaue von den Wänden.

Die Praxis, diese als Ausdrucksmittel zu nutzen, ist so alt wie die Menschheitsgeschichte selbst. Wandmalereien waren immer schon Kommunikationsmöglichkeiten: in Pompeji, in den steinzeitlichen Höhlen von Altamira, die Gravuren auf Tempeln und Grabstätten im Nil-Delta. Dennoch, die zu Ende des 20. Jahrhunderts aufgekommene Graffiti-Bewegung hatte keinerlei Vorläufer in der

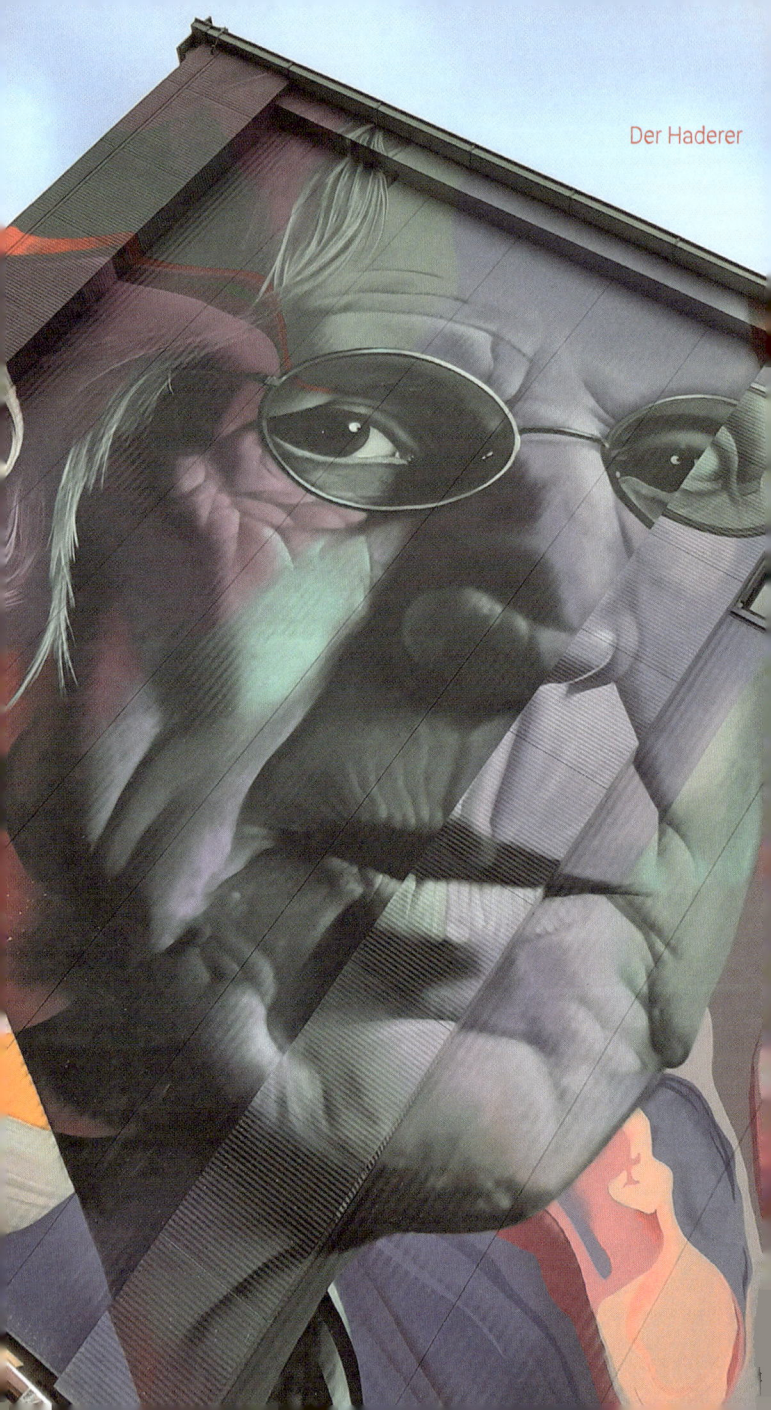

Der Haderer

Kunstgeschichte. Anfangs galten die bunten Bilder als Subkultur, insbesondere in den Großstadtmolochen, wo Ghettokids ihre Köpfe frech durch das urbane Häuserdickicht steckten und alles anzumalen begannen, was sich ihnen darbot. Die meist nächtlichen Aktivitäten waren illegal (und sind es in der Regel auch heute noch), die anonymen Künstler wurden kriminalisiert.

Inzwischen ist Graffiti längst zu einer ernst zu nehmenden Kunstrichtung geworden. Der 1988 verstorbene US-Graffiti-Star Jean-Michel Basquiat wird heute in den bekanntesten Museen der Welt ausgestellt. Auch die Wandgemälde von Linz bewegen sich auf legaler Ebene. Die meisten der weltweit berühmtesten Graffiti-Künstler aber trachten bis heute danach, anonym zu bleiben. „Banksy" lautet das Pseudonym eines britischen Street-Artlers, der durch seine Schablonen-Kunst internationale Bekanntheit erlangte. Seine urbane Kunst wurde von städtischen Autoritäten längst unter den Glassturz kommunaler Unantastbarkeit gestellt. Für ihn allerdings wird sich die selbst auferlegte Anonymität, die Teil seines Bekanntheitsgrades geworden ist, wie eine zu eng gewordene Halskrause anfühlen.

„In der DNA der Kunstrichtung rangiert die Vergänglichkeit an vorderer Stelle", sagt Leonhard Gruber, der Gründer des Kunstprojektes *Mural Harbor* im Linzer Frachthafen. Sein Museum M.A.Z. (Museum auf Zeit) erweist im Dezember 2020 seinem Namen alle Ehre. Das auf zweitausendfünfhundert Quadratmetern mit Spray-Kunst spektakulär bestückte Haus wird dem Erdboden gleichgemacht.

„Das Scheitern, die Illegalität, das Grenzenlose, das immer auch an seine Grenze stößt, ist das Bezeichnende."

Wir verlassen das verstörende Museum der längst schon etablierten Subkultur und machen eine Hafenrunde. Mehr als dreihundert riesige Gemälde von Künstlern aus dreißig Nationen zieren die Fassaden von Hallenmauern, Silos, Fabriken. Sie erzählen vergängliche Geschichten, jedes für sich. Seit acht Jahren tigert der Meister zwischen diesen Wänden auf und ab, er kennt seine Pappenheimer, die Künstler, und wahrt die selbstgewählte Diaspora ihrer Identität. Dennoch, von den Fundis wurde er längst schon zum etablierten Szene-Arschloch erklärt, der ihre Weltanschauung zum Touri-Hotspot verkommen lässt. Ein Schicksal, das er mit jedem teilt, der einer Kunstrichtung über Jahre treu bleibt und sich in der (angeblichen) Unglaubwürdigkeit von Bekanntheit und Erfolg verfängt.

„In der Früh kommen die Nerds, hocken sich ins Gebüsch und warten auf den ersten Zug, der den Bahnhof verlässt." Schauplatz: New York, Tokyo, London, Paris, Berlin, überall dort, wo Suburbs den Moloch untergraben. „Die silbernen in New York, die gelben in Berlin, die roten in London – U-Bahnen verlassen die Remisen erst, wenn sie gesäubert sind. Nur wenn Not am Waggon ist, pfeifen sie bemalt durch die ‚Tubes'. Die S-Bahnen aber müssen täglich raus, von ihnen gibt's in der Regel kaum Ersatz. Die nächtlichen Künstler brauchen den Kick: ‚Ihr' Bild, beschienen von den ersten Sonnenstrahlen, auf dem Weg in Richtung Establishment. Schöneres gibt's für sie nicht. Das Bild der gesprayten Waggons entschädigt für Gefahr, Mühe, Risiko."

Ich frage nach: „Wer sind die Typen, die von Dach zu Dach springen? Gehören sie derselben Familie an?"

„Ihr Thema lautet Freiheit. Eine verwandte Gruppe. Urban Explorer. Sie besitzen nichts, aber ihnen gehört die ganze Stadt. Das ist ihr Motiv. Sie stellen sich auf schmale Bretter und radieren über Geländer, Parkbänke und Brunnenränder. Sie zweckentfremden öffentlichen Raum und machen ihn zu ihrem, sie seilen sich von Dachrinnen ab und ,tätowieren' Hochhäuser von oben bis unten mit Farbe. Oder sie saugen sich an Fassaden fest, springen von Brücken, hüpfen von First zu First. Die Welt wird von ihnen okkupiert. Anders gesagt: Sie schreiben die Geschichte der Gebäude fort und interpretieren sie neu. Das ist doch was."

Die Strahlen der untergehenden Sonne legen geometrische Muster über die Wasseroberfläche. Eine Schwanenfamilie sucht zwischen rostigen Frachtkähnen nach Futter. Ob er sie kennt?

„Sie sehen alle gleich aus. Aber im Laufe der Jahre werden es schon Generationen sein, die an mir vorbeigeschwommen sind. Wir leben mit ihnen. So wie mit den Arbeitern in den Hallen."

Sie alle gehören zusammen. Kunst und Leben ist eins. Ihr Ziel ist die Freiheit. Nur die, die an ihr Ding glauben, erreichen sie.

Herr Gruber löscht das Licht. In seinem Museum wird es bald für immer ausgehen. Die Sprünge über die Dächer, die Bilder an den Wänden, die temporäre Nutzung eines Gebäudes, all das ist heute schon Geschichte. Gut so. Das Gegenständliche in der Kunst gilt nichts. Auch nicht das Morgen. Visionen, Fantasie, Geschichten, Träume, sie alleine überleben. Dank Menschen wie Leonhard Gruber. Ihnen verdanken wir unsere Hoffnung.

Die Fischakrobaten

Forellenzirkus Markus Sageder, Mühlbach 3, 4725 St. Aegidi

Die Sache ist die: Es gibt dressurfähige Tiere. Und es gibt jene, die es in hunderttausend Jahren nicht werden. Das ist so. Und da ist kein Heuballen dagegen gewachsen. Löwen zum Beispiel, Grizzlys, Panther überhaupt, Lamas und Gibbons – alles ein Kinderspiel. Sogar Hühner sind dressabel. Ich selbst habe mich schon erfolgreich am Federvieh versucht. Um ein Haar wäre ich im Zirkus aufgetreten: Man nehme ein Haushuhn, lege den Kopf sanft auf den Manegenboden, ziehe einen Kreidestrich vom Schnabel weg und ... schwuppdiwupp, das Huhn liegt reglos, wie hypnotisiert, darnieder. Ein kurzes Paschen, die Künstlerin „lebt“ wieder. „Hühner-Kleben“ heißt der Trick, er wird gerne landauf, landab bei Kindervorstellungen gezeigt. Zwei Vorteile: Das Tier leidet keine Sekunde und – das Kunststück ist deppensicher, wie wir in der Branche sagen. Will heißen, es gelingt immer. Selbst unruhiges Publikum vermag die Artistinnen nicht zu irritieren. Was man bei gemischten Raubtiernummern nicht behaupten kann. So mancher Menschenkopf befand sich zwischen den Zähnen „sanfter" Bestien bereits in misslicher Lage.

Als undressabel gelten gemeinhin Exoten wie Warane, Flamingos oder, besonders schwierig, der graue Kurzkopf-gleitbeutler (*Petaurus breviceps*), eine die Bäume entlang-huschende Beuteltierart. Bei ihnen ist alle Mühe verloren. Und noch eine Tiergattung vermeinte ich bis dato von der Domestizierung ausgeschlossen: Fische. Bis dato, sage ich. Denn ich sollte eines Besseren belehrt werden.

Der Weg gleicht einer Schnitzeljagd. Über Hügel und Bergrücken geht's rauf und runter, Kukuruzfelder, Wiesen, dunkle Wälder bleiben hinter mir. Das Tal, an dessen Ende der legendäre Forellenzirkus der Familie Luger-Sageder seine Heringe eingeschlagen hat, entzieht sich lange Zeit dem digitalen Fährtensucher. Und dann, dann stehe ich plötzlich davor: ein schmuckes Einfamilienhaus, Ecke Sauwald/Kobernaußerwald im westlichen Oberösterreich. Ich werde erwartet. Eine Seniorengruppe umringt gerade den Vater des Forellendompteurs, der hauptberuflich natürlich alles andere als ein Künstler ist. „A Hobby is es", wird er mir später sagen, „a Hobby, waßt eh." Wenn auch ein reichlich seltsames. Wer bitte macht das schon? Ich kenne keinen.

Die Altchen kreischen vor Vergnügen. Der Senior hat soeben einem der Ausflügler zum Abschluss der Fisch-Show einen Hahn auf den Kopf gesetzt und der wird jetzt von seinen Kollegen der Reihe nach abfotografiert. Party-kracher. Nächster Programmpunkt: Einsteigen. Die Reise-gesellschaft zieht weiter.

„In Linz beginnt's!", schreit Vater Sageder und die Alten kreischen vor Vergnügen. Der Bus fährt ab. Der Alte wendet sich mir zu. Das bedeutet nichts Gutes. Zum Glück schaut

keiner mehr zu, denn ehe ich mich versehe, hockt der Hahn auch schon auf meinem Kopf. Just in dem Augenblick biegt der Herr Sohn mit quietschenden Reifen um die Ecke.

„Do bin i! Woar kurz drüben in Tirol. Gastspül, waßt eh." Er springt aus dem Fahrzeug, kräht vor Vergnügen über meinen Anblick und gleicht dabei, wenn ich mich nicht irre, einem nach Luft schnappenden Karpfen – oder einer Forelle? Ehe ich noch „Bap" sagen kann, hat mich der Vater schon am Zaumzeug und führt mich zu einem entzückend schrägen Museum, das eine Menge Raritäten bereithält: Stühle, Tische, eine veritable Flickschusterei, Küchen-, Stuben- und Bettgestelle, Krimskrams und Kokolores und, als Höhepunkt der seltsamen Schau, die faktische Wiege eines

ehemaligen Landesvaters. Wer bitte kann das für sich reklamieren? Erwartet habe ich zahme Forellen, serviert wurde die Krippe vom Pepi Pühringer. Das Leben ist manchmal kurios, denke ich, aber schon geht's hinunter, stracks zum Bach, denn die Führung des Alten ist beendet, die Vorführung des Jungen beginnt.

„Ang'fangen hat's, indem die Omama die Wäsch g'waschen hat." Das sitzt. Der Markus, ich darf ihn bereits so nennen, deutet auf eine verwitterte Reuse: „Da san s' durch'n Mühlbach g'schwommen, die Forölln. Und der Karl und der Otto, die Buam, ham a Brett ins Wasser g'halten und drüberg'hupft san s'. So hat's ang'fangen."

Ich staune. Und dann greift sich der Markus ein paar Requisiten und führt mich zum Hansi, dem Streichelfisch. Ich traue meinen Augen nicht. Ein Fisch zum Streicheln? Hansi hält still. Gesagt, getan, ich berühre seine Schuppen und spüre, wie sich jede einzelne mir entgegenreckt. Dabei sieht mich der Hansi zutraulich an. Kracher. Es fehlt noch, dass er mir zuzwinkert.

„Es gibt Zahme und Wilde unter die Fisch'. Begabte und Unbegabte. Nicht jede Forölln is a Künstlerin."

Ewige Sätze.

Dann sagt der Markus: „Letztes Jahr hat mir der Otter den Bach ausg'ramt." Oder: „Ich kenn die Weiber auseinander, brauchst net glauben. Man muss' bei Laune halten.

Wo sind die Artisten?

Kloar is mir scho passiert, dass die Fisch net kumman san, wann i a volles Haus hob. Die Blamasch, verstehst? Aber was soll i scho groß mochn? I man, eigentlich san s' ja bled. Trotzdem, i kann ja meine Athleten net aufessen."

Und wie zur Bekräftigung seiner Ansprache sinkt der Dompteur zu Boden, kniet sich auf eine blaue Plastikunterlage, beugt sich tief hinunter zum Wasserbecken, in dem auf der einen Seite ein kleines Fußballtor angebracht ist, hält plötzlich eine weiße Kugel in der Hand und beginnt lauthals den Edi Finger sen. nachzuahmen. „Sara geht der Kugel nach, Pass hinüber auf die linke Seite, da is da Krankl, vorbei an Hölzenbein, Strafraum – Schuss ... Tooor, Tooor, Tooor, Tooor, Tooor, Tooor! I wer' narrisch! Krankl schießt ein! 3 : 2 für Österreich! Meine Damen und Herren, wir fallen uns um den Hals, der Kollege Riepl, der Diplomingenieur Posch, wir busseln uns ab. 3 : 2 für Österreich!"

Währenddessen, man glaubt es nicht, ist eine Forelle aus dem Wasser gehüpft und hat die Kugel ins Tor befördert. Und noch mal. Und noch mal. Und noch etliche Male. Und je mehr der Markus schreit, desto öfter schnellt das Vieh aus dem Nass, lässt sich zurück in den Mühlbach fallen, macht kehrt und steigt wieder hoch und ... netzt ein.

Danach ist Reifenspringen angesagt. Sogar dieser Trick klappt. Ich fasse es nicht. Der Forellenzirkus lebt! Aber für heute nicht mehr lange, denn wir haben die Zeit übersehen und es ist bereits stockdunkel. Flutlicht gibt's bei den Sageders (noch) nicht, weshalb die Vorstellung hier abgebrochen wird. Einmal mehr hat der Forellenzirkus, in den 1950ern unter dem Namen *Die zahme Forelle* ein Publikumsmagnet, seinen (diesmal einzigen) Zuseher verblüfft.

„Heut' ham die Fisch mit'tan. I bin sehr erleichtert.

Ausg'rechnet wenn der Herr vom Fernsehen da is. Na, des wär was g'wesen. Heut hätt' ich s' blau g'macht und aufg'fressen, wann's net taugt hätten. Waßt eh!"

Beeindruckt verlasse ich die Vorstellung, bekomme zum Abschied noch mal den Hahn auf den Kopf und trenne mich schweren Herzens von den Mühlbacher KünstlerInnen. Und da sage noch einer, die Welt wäre keineswegs ärmer ohne die Fische aus St. Aegidi. Doch. Sie wäre es. Sie wäre es!

Oberösterreich-TIPPS

Kunst

Alfred Kubin:

Tod, Apokalypse, Himmel und Hölle. In seinem Wohnhaus erfährt man alles über den geheimnisvollen Zeichner. Zwickledt 7, 4783 Wernstein am Inn

Stadttheater Grein:

Für Spieler der *Dilettantengesellschaft* erbaut, ist es zweihundert Jahre später noch immer ein besichtigungswürdiges Kleinod. Stadtplatz 7, 4360 Grein

Adalbert Stifter:

Ein paar Schritte außerhalb des Landes, am Ufer des Lipno-Stausees in Oberplan, hat Adalbert Stifter, Erzähler, Maler und lebenslang Liebender, das Licht des Biedermeier erblickt. Adalbert Stifter Geburtshaus und Museum, Palackého ulice 21, 38226 Horní Planá, Tschechien

Natur

Schwarzenberg'scher Schwemmkanal:

Das achte Weltwunder im Böhmerwald, als hielte die Schöpfung den Atem an. Radweg entlang des Baches, endlos und brettleben. Nördliches Mühlviertel, in der Nähe von Stift Schlägl.

Erdstall Ratgöbluckn:

Ein von Menschenhand geschaffenes unterirdisches Reich. Unheimlich und abenteuerlich. Stefanienhain, 4320 Perg

Das Ibmer Moor:

Wanderung durch eine einzigartige Flora und Fauna. Augen zu und das Leben spüren. Ortschaft Ibm, 5142 Eggelsberg

Salzburg

Fallen lassen

Gedanken über Salzburg

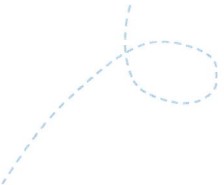

Das Licht, das Holz, die Tortentheke, die steile Treppe hinauf zu den Nassräumen. 12. Oktober 1971. Mein junges Leben beginnt. Der erste Tag in Salzburg. Ich bestelle einen Kleinen Braunen. In den folgenden drei Jahren, die ich fast rund um die Uhr hier im Café *Bazar* verbringen sollte, werden es noch ein paar mehr werden. Der Mann von Welt blättert ein paar Zeitungen durch. Draußen auf der Terrasse am Salzachufer blinzelt die Sonne durch die Zweige der Kastanien. Ich bin nervös. Der erste Tag. Anreise vorgestern. Mein Zimmer liegt im ersten Stock einer bescheidenen Studentenabsteige. Tisch. Kasten. Waschbecken. Platz für einen Sessel gibt's nicht, deshalb nehme ich mein Frühstück am Fußende des Bettes sitzend ein.

Vor dem *Bazar* fahren die O-Busse vom Landestheater kommend in Richtung Staatsbrücke. Einer davon bringt mich zur Station Aiglhof, von dort nehme ich den Bus in Richtung Walserfeld. Die neue Zweigstelle des Mozarteums liegt im Niemandsland. Eine schmucklose Arbeitersiedlung, eine Pizzeria und die Endstation der Linie 2. Für lange Zeit wird dieser gottverlassene Ort, eingeklemmt zwischen Flughafen und Kaserne, zu meiner neuen Heimat.

Im Reinhardt-Seminar wollten sie mich nicht, also musste ich ausweichen. Salzburg wurde zu meinem Schicksalsort. Wann immer ich heute den Autobahnring um die Stadt nehme, denke ich an meinen ersten Studientag in den frühen Siebzigern.

Eine Gruppe Gleichgesinnter steht in der Eingangshalle der ehemaligen Berufsschule, in der die zur Uni upgegradete Schauspielakademie untergebracht ist. Die Neuen steigen von einem Fuß auf den anderen. Die meisten rauchen. Auch ich. Smart. Warum, weiß ich nicht, ich glaube, die schwarze Packung sah cool aus. Ich kann es kaum erwarten, vor meine Lehrer zu treten, um die Monologe von Egmont, Faust oder Ferdinand vorzutragen, die ich noch von unzähligen Aufführungen des ehrwürdigen Burgtheaters (wohin mich meine Tante Hulda mitschleppte) im Ohr habe. Heute, beinahe fünfzig Jahre später, habe ich sie immer noch nicht aufgesagt – nicht die einzige Enttäuschung meines Berufslebens. Gott Haugk betritt die Bühne. Der neu bestellte Leiter der Schauspielabteilung, Dietrich Haugk, ein damals viel begehrter Theater- und Fernsehfilmregisseur, streicht sich lässig eine Haarsträhne aus der Stirn, mustert die Neuankömmlinge und tänzelt die Stufen in den ersten Stock hinauf. Die Schar der Schutzbefohlenen folgt in seinem Windschatten. Drüben am Exerzierplatz der Schwarzenbergkaserne stehen die Rekruten stramm. Ich fühle mich nicht anders.

„Probebühne" steht neben der schmucklosen Türe. Wie aufregend! Ein lang gestreckter Raum, vorne ein Podest, keine zwanzig Zentimeter hoch. Bühnenrampen habe ich mir steiler vorgestellt. Wir nehmen Platz. Ich nestle an meiner Krawatte, ich habe mich fesch gemacht. Schauspieler müssen was hermachen, denke ich. Professor Haugk stellt sich vor, dabei blickt er allen tief in die Augen, den Mädchen besonders. Mein Mund ist staubtrocken. Als ich meinen Namen flüstere, sieht mich der Prof durchdringend an, zieht die Schultern hoch und deutet in Richtung „Bühne". Ich spüre die Blicke der anderen. Vielleicht habe ich meinen Namen zu zögerlich ausgesprochen. Zu Hause, als ich die Vorstellung eingeübt hatte, klang es irgendwie entschiedener. Ich zittere vor Aufregung. Die zwanzig Zentimeter hinauf aufs Podium habe ich mir niedriger vorgestellt. Ich betrete das mickrige Podest und blicke hinunter ins Publikum.

„Soll ich?"

Einige meiner Kollegen kichern.

„Habe nun, ach ..."

„Stopp!"

Haugk, das Regie-Genie, winkt ab. Von draußen hört man die bellende Stimme des Ausbildners. Die Rekruten lassen sich der Reihe nach fallen.

Der neue Leiter der Schauspielklasse erhebt sich und baut sich vor mir auf. Kann man nach drei Worten schon schlecht sein? Man kann.

„Hinfallen."

Die Blonde in der zweiten Reihe finde ich irgendwie hübsch. Jetzt nur nicht blamieren.

„Hinfallen!"

Ich denke, ich höre nicht recht. Einer der Studenten applaudiert. Ich lasse mich fallen. Ich glaube, noch nie hat sich ein Mensch schlechter fallen lassen als ich. Ich erhebe mich und erwarte weitere Regieanweisungen. Haugk betrachtet mich. Lange. Ich richte mir das Sakko. Und plötzlich weiß ich es. Idiotischer angezogen als ich kann man nicht sein.

Die Kleine in der zweiten Reihe hat ein buntes Shirt an, darauf steht „Kiss me". Ganz schön mutig. Die erste Lektion habe ich gründlich vergeigt. Die zweite: In dem Beruf kommt alles anders, als man denkt. Die dritte spricht der Chef klar und deutlich aus: „Heuer wirst du keinen einzigen Rollentext sprechen. Keiner von euch! Ihr könnt ja noch nicht einmal fallen."

Ich fasse es nicht.

„Niesen!"

Ich wollte, ich könnte mich in Schwefeldampf auflösen. Die Rolle des Faust ist weg, das ist klar. Egmont und Ferdinand sowieso. Ich versuche einen Nieser und blicke zu der mit dem T-Shirt.

„Schlecht! Beim Niesen hat man die Augen geschlossen. Wer kann's besser?"

Einer erhebt sich und niest mit geschlossenen Augen. Sein Name: Andreas Altmann. Der erste Jahrgang hat die erste Schauspielstunde „vernossen". Auch den nächsten Tag. Danach begannen wir zu fallen. Eine Woche lang. Nie wieder erschien ich mit Sakko und Krawatte – in meinem ganzen Schauspielbühnenprobenleben nicht mehr.

Drei Jahre später hielt ich mein Diplom in der Hand. Den Faust in der Abschlussaufführung spielte ein anderer. Mein erstes Engagement begann im Herbst, am Theater in der Josefstadt. Ich hatte einen Mordsschnupfen. Ich habe das Theater niesend betreten – mit geschlossenen Augen.

Die Stadt, das Land Salzburg ließ mich nie mehr los. Ein Teil meiner Familie lebt heute noch dort. Es ist immer ein bisschen wie Nachhausekommen. Das Café *Bazar* war mein Wohnzimmer, die Pizzeria mein Zuhause und die dunklen Studentenkneipen in den engen Gassen wurden mir zur Heimat. Heute, nach so vielen Jahren, unternehme ich andere Reisen. Gefahrvollere. Obwohl, die Getreidegasse während der Festspielzeit ist auch nicht ohne. Auf der Bühne haben die Glücksgefühle zuletzt nicht mehr überwogen. Die Geschichten, die ich erzählen wollte, sind erzählt. Ich habe es gut sein lassen. Ich bin dankbar für alles, was war, und ich bin neugierig auf alles, was kommt. Das Neue rund um mich empfange ich wie ein Geschenk.

Ich habe mir eine Reise in die Vergangenheit vorgenommen. Ich wollte Orte wiedersehen, die mir vertraut sind. Wie anders erscheinen sie mir heute. Damals, in den Siebzigern, haben mich die Menschen als einen der ihren aufgenommen. Oder erscheint es mir nur so, weil die Rückschau alles verklärt? Wie oft sind wir damals durchs Land getourt. Stück um Stück. *Die Geschichte von Ulenspiegel* war im Angebot. *Die Zoogeschichte, Leb wohl, Judas* und *Auf hoher See*. Stücke, die auf der Probebühne des Walserfelds entstanden und die hinausgingen auf die Dorfbühnen. Es waren so wichtige Erfahrungen für mich. Und immer wieder beeindruckten mich die Geschichten der Menschen, die wir unterwegs trafen.

Als ich nach Salzburg kam, führte mich mein erster Spaziergang durch die Altstadt, dann über die Staatsbrücke in Richtung Linzer Gasse. Ich war lange nicht mehr hier. Wie immer begann ich meinen Besuch im Café *Bazar*. Ich bestellte einen Kleinen Braunen, blätterte ein paar Zeitungen durch, nahm den Bus nach Aiglhof, wechselte in den 2er und fuhr bis zur Endstation. Die Pizzeria gab es nicht mehr. Die Endstelle haben sie verlegt. Nur die Kaserne stand noch da, wo sie immer stand. Ein paar Rekruten drehten gerade ihre Runden. Dietrich Haugk lebt nicht mehr. Ein paar von denen, die mir damals bei meinen ersten, kläglichen Schritten zusahen, sind auch schon tot. Altmann hing seine Karriere bald danach an den Nagel. Er wurde einer der erfolgreichsten Reiseschriftsteller deutscher Sprache. Inzwischen bin ich ihm nachgefolgt. Aber: Er ist immer noch besser als ich.

Ich betrete das Haus, steige in den ersten Stock hinauf, öffne eine Türe, die Nase kitzelt, ich niese und – lasse mich fallen.

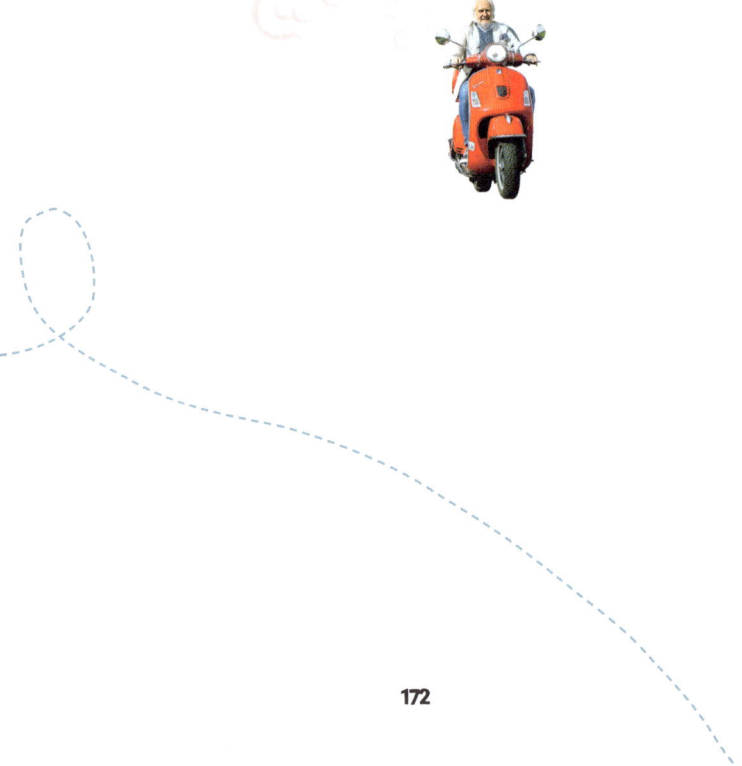

Essen

Mozartkugeln: Ein Gang durch die Salzburger Altstadt bringt Gewissheit: Das Beste des Musikgenies gibt es in rauen Mengen. Gezählte sieben verschiedene „Originale" werden zwischen Getreidegasse und Alter Markt angeboten.

Bosna: Die Wurscht, verpackt in Weißbrot, ist gut gewürzt – Zwiebel, Petersilie und eine Staubschicht Currypulver. Jeder Bosna-Stand reklamiert für sich, den Snack erfunden zu haben. Die Wahrheit reicht bis ins Jahr 1949 zurück: Es war der aus Bulgarien stammende „Salzburger" Vegetarier Zanko Todoroff.

Nockerl: Das Salzburger Nockerl ist weltbekannt. Gegessen aber wird es ausschließlich in der Mozartstadt, und das auch nur von Hartgesottenen. Das fluffige Nichts besteht aus heißer Luft und Zucker. Beides reichlich.

Kleinigkeiten

Kleinstes Standesamt: Im kleinsten Standesamt Österreichs ist für alles gesorgt. Die Hochzeitssuite liegt direkt oberhalb des Ja-Wortes. Wer noch nicht unter der Haube ist, hier tut es (auf weniger als zehn Quadratmetern) nicht einmal weh … Ludlalm am Prebersee, 5580 Tamsweg

Kleinstes Kino: Mit seinen 27 Plätzen ist es das kleinste Programmkino des Landes. Das Motto „Nicht allein und doch nicht zu Hause" hat man sich hier zu Herzen genommen: Raus aus dem Alltag, rein in die Traumwelt Hollywoods! Künstlerei, Hatheyergasse 2, 5580 Tamsweg

Kleinste Käsehandlung: Das Sortiment des *Kaslöchl* umfasst rund 150 Sorten Käse aus biologischer Landwirtschaft. Nach erfolgtem Kauf verabschiedet man sich wie von der englischen Königin: Umdrehen verboten – im *Löchl* ist nicht genügend Platz dafür. Hagenauerplatz 2, 5020 Salzburg

Schuss ins Blaue

Schützengesellschaft Tamsweg, Preber 86, 5580 Tamsweg

4. November 1834. Aus Tal und Tiefe eilen sie herbei: Die heiter-beschwingten Gamsjäger und Geistlichen, Bürger und Bauern, die Büchs' geschultert, den Schießranzen umgehängt, als gelte es, für Kaiser und Vaterland die Marken der Grenze zu wehren. Von den Almen laufen Sennerinnen und Halter geschäftig herbei und es entwickelte sich das bunteste Leben. Volkslieder ertönten, auf dem Wiesenboden wurde getanzt und daneben knallte es von den Schießständen."

Der Chronist hält die Stimmung fest, die an jenem sonnigen Novembertag am Fuße des mächtigen Preberberges geherrscht haben mag. Alt und Jung traf sich zum ersten verbürgten „Preberschießen", einer weltweit einzigartigen Disziplin, bei der der Schütze wohlweislich nicht aufs Ziel schießt, sondern erst mal ins Blaue hinein. In dem Fall eigentlich ins Braune, denn die Konsistenz des Wassers, an dem sich zu herbstlicher Stund' die fröhliche Gemeinde einfand, ist hart. Schwer vorstellbar. Der Prebersee ist ein Moorsee. Zur Zeit der Erfindung des Schwarzpulvers allerdings, als im China des 11. Jahrhunderts der Kriegsmandarin Yu Yunwen erstmals „Feuerpfeile zur Abschreckung von

Feinden" verwendete, schlummerten die Tamsweger noch selig unter ihren schweren Daunendecken und träumten von einer Zeit, in der ihnen das Wildbret vor die Donnerbüchs' springt und sie es mit gezieltem Schuss darniederstrecken würden. Einige Jahrhunderte später war es so weit. Der Jägersmann, an einem Ende des Sees postiert, schreckt aus seligem Dusel hoch. Eine Schar lustiger Entleins, zu früher Stund' auf Pirsch am gegenüberliegenden Ufer, hat ihn geweckt. Der Mann reißt die Flint' an die Back' und zielt. Schuss. Die Kugel klatscht ins Wasser. Die Enten flattern erschrocken auf. Im Seegras drüben liegt ein toter Vogel. Verdutzt betrachtet der Waidmann die Büchse. Ein Fehlschuss trifft? Das Jägerlatein sorgt für Kopfschütteln an den Tamsweger Stammtischen. Wie war das Rätsel zu erklären? Jahrhunderte sollte es dauern, bis Klarheit ins trübe Preberwasser kam. Die mit organischen Substanzen angereicherte und daher besonders schwere Konsistenz der Brühe lässt die Projektile, sofern sie im richtigen Einfallswinkel auf der Wasseroberfläche auftreffen, abprallen und lenkt sie in Richtung gegenüberliegendes Ufer. Dort angebrachte Schießscheiben werden durchlöchert wie einst das arme Entlein, das friedlich dem Tümpel entgegenwatschelte.

Seither feiern Tamsweger Marktbauern, Senner, Beamte und Jäger, eben Bürgersleut' aller Gesellschaftsschichten, den einzigartigen Brauch des „Preberschießens". Auch heute noch. Zu jedem beliebigen Anlass kommen Schützen aus nah und fern, um sich in der Kunst des Danebenzielens zu üben. Termin ist der letzte Sonntag im August. Als Meisterschuss gilt ein Treffer in den „Zehner", den innersten Ring der Scheibe. Alle Schützen eint die vorschriftsmäßige Adjustierung mit Janker und Hut.

Das Zielhaus der Schützen am Prebersee

Ich treffe den Oberjanker Heimo Waibl, seit 2005 rang-höchster Danebenschütze im Tamsweger Oberland. Stolz zeigt er mir das neue Schützenhaus. Ich gebe zu, dass ich dem Waffensport mit angeborener Skepsis gegenüber-stehe, aber die Tatsache, dass nur der trifft, der daneben-schießt, reizt meinen Widerspruchsgeist.

„Bei uns darf jeder schießen. Du musst nichts können, der Schuss muss ja danebengehen. Nur wer Glück hat, trifft."

Ich will wissen, wie oft er selbst schon Glück hatte.

„In vierzig Jahr' einmal. Aber egal. Die Freud' ist immer da."

Ein paar Regeln gefällig? Die Schützen der kuriosen Konkurrenz stehen in einer Reihe, unter einem Dach vereint. Jeder hat zwanzig Schuss (oder mehr, je nachdem, wie viel man zukauft) und zielt auf den oberen Rand des Spiegelbildes der Scheibe. Die Geschosse dringen etwa fünf Zentimeter in die Wasseroberfläche ein, prallen dann ab und schlittern als „Querschläger" in Richtung Scheibe, die in hundertzwanzig Meter Entfernung auf einem hölzernen Gerüst angebracht ist. Im Zielgehäuse hocken Kinder, wohl geschützt, die den Einschlag anzeigen und die erzielte Punkteanzahl aufziehen. Früher war's lustiger. Ein kostümierter „Zieler" sprang aus der Deckung und zeigte mit dem „Zieler-Löffel" das Ergebnis an. Im Fall eines Blattschusses vollführte er entsprechend der erzielten Ringe Purzelbäume und Luftsprünge. Traf der Schuss ins Allerheiligste, ritt der Zieler auf einem Steckenpferd um die Scheibe herum, was oftmals mit einem unfreiwilligen Schlammbad endete.

„Profis haben nur selten eine Chance. Es ist und bleibt Zufall." Dafür sorgt auch eine seltsame Gepflogenheit. Die Schützen trainieren nicht. Man kommt, schießt und – trinkt ein Bier.

„Wie g'sund das Schießen ist, zeigt folgende Episode: Unser Herr Schützenpfarrer war sterbenskrank. Er kam, schoss, gewann – und lebt immer noch. Er hat so a Freud' g'habt, dass ihn der Treffer g'heilt hat." Auch wenn's nicht stimmt und seine Genesung der Kunst der Tamsweger Ärzte zu danken ist, ein Trost bleibt tatsächlich: Nur wer nicht trifft, trifft.

Munition

„Zu fünfundneunzig Prozent gewinnt der Schwächste!",
zwinkert der Herr Oberschützenmeister, der sich jedes Mal
selbst wie ein Anfänger fühlt.

Ich blicke hinüber zu den Scheiben, und mich juckt die
Versuchung, erstmals in meinem Leben ein Schießgewehr
in die Hand zu nehmen, um nirgendwohin zu zielen außer
daneben. Die Vorstellung, dass einmal im Leben nicht der
Starke gewinnt, sondern der Glückliche, beruhigt mich.

Die Welt im Kleinen

**Puppenstubenmuseum, Hintersee 4,
5324 Hintersee im Flachgau**

Wir haben's von Frankfurt runtergeholt, Ulla, ein lang-
jähriger Stammgast von uns, hat damals bei der
Deutschen Bank gearbeitet. Eines Tages ist sie mit ihrem
Mann in die Nähe von Wien übersiedelt. ‚Wenn ihr wollt,
könnt ihr den ganzen Plunder haben', sagte sie. Wir wollten.
Damals hatten wir noch einen alten Bus, mit dem wir unsere
Hausgäste im Salzkammergut herumkutschiert haben. Mit
dem sind wir rauf. Die großen Teddys haben wir ans Fenster gesetzt, wir dachten, so können sie die Reise genießen.
An der Grenze ist ein Zöllner eingestiegen, kurze Zeit später kam Verstärkung. Ein ganzer Trupp Gendarmen bog im
Laufschritt um die Ecke, die Hände an den Waffen. Sie haben
den Bus auseinandergenommen, jedes einzelne Tier wurde
untersucht und abgeschnüffelt – die Bärlis und Meckis, die
Bambis und Zwergerln, die Mäuse und Häschen, alle. Grade,
dass sie nicht die Pfoten hochhalten mussten. Die Männer
haben über vierzigtausend Einzelteile perlustriert."

Mini-Kasten im Puppenstubenmuseum

Ohne es zu wissen, hatten die ahnungslosen Ebners eine der weltweit umfangreichsten Puppenstubensammlungen erstanden. Die Walserberger Beamten fanden nichts. Außer ihre eigene Kindheit wieder. Der Puppenbus durfte passieren. Zu Hause in Hintersee wurde inventarisiert und eine Scheune gebaut. Seither ist die winzige Gemeinde im flachsten Gau Salzburgs um ein Museum reicher.

„Können so viele Flachgauer überhaupt kommen, dass sich das rentiert?", frage ich. Frau Ebner, Betreiberin des Hotel Gasthofs *Hintersee* und des angeschlossenen Puppenstubenmuseums, starrt mich mit ebenso kugelrunden Augen an wie ihre unzähligen drolligen Teddybär-Damen in den Vitrinen.

„Von überall kommen s' her. Sogar die Sängerin

Netrebko is' kommen. Ihr größter Wunsch war ein Wiener Schnitzel, das in einer der Puppenküchen zubereitet wird."

Das musste man den Ebners nicht zweimal sagen. Der winzige Herd übersiedelte ins Festspielhaus und unter großem Medieninteresse brutzelte in der Garderobe der hohen Dame das „Wiener" heraus. „Sie hat's 'putzt, so schnell hast gar net schauen können. Danach hat s' die *Traviata* fertig g'sungen. Nach der Zugabe hat's auch hinter der Bühne noch an Nachschlag geben."

Als bekennder Kuscheltierexperte bin ich im Himmel. Tausende sanftmütige Plüschwesen verfolgen jede meiner Bewegungen und erzählen mir ihre Geschichten. Eine Teddyrunde hockt beim Jassen, aus den Mauslöchern eines Kaufmannsladens lugen spitzige Näschen hervor, in der Kinderstube wird ein Neugeborenes in die Wiege gelegt, ein Bäcker schiebt frische Brotlaibe in den Ofen und drüben, beim Spielwarengeschäft, pressen neugierige Igelkinder ihre Nasen gegen die Schaufenster. Was es da nicht alles zu sehen gibt! Eine Säuglingsstation, eine Puppenküche, ein Stoffgeschäft, eine altenglische Zierrat-Verkäuferin, eine Volksschulklasse samt Lehrerin, die den Püppchenrabauken das Einmaleins eintrichtert. Dazu noch Gärtnereien, Zuckerwarenläden, Bürgerstuben, Kaufmannsläden und Tischlerwerkstätten. Das Kind im Mann lässt mich in einer Welt aus Plüsch und Plunder versinken.

Jede Menge Kindheitserinnerungen werden wach: Der Geruch der Bauernstube in der Wohnung von meinem Onkel Pepperl, in der die mechanische Dampfmaschine und die blecherne Pferdebahn stand, die, wenn das Siegerross über die Ziellinie ratterte, immer so lustig läutete; der Besuch bei meinem Freund Christoph, der, kaum dass ich sein Zimmer

Im Stoffgeschäft

betrat, unter dem Bett hervorschnellte, um mich zu ver-
prügeln; die Kinderzimmerreisen im Wäschekasten meines
Freundes „Pumpi", den ich nie mehr wiedersah und von dem
ich bis heute nicht weiß, wie er in Wirklichkeit hieß. Eine Welt
im Kleinen, die mich gefangen nimmt, mich einhüllt unter
einer Puppendecke und mich einfach nicht mehr loslässt. Aus
dem Spaß wurde längst Realität, die Illusion meiner Fantasiewelt wurde zum Ernst des Bühnenlebens. Dass ich mir meine
Spiellust bewahren durfte, ist dem Beruf zu danken, den ich
gewählt habe: Geschichten hören und sie weitererzählen.

Im tiefen Hintersee bin ich meinen Träumen nahege-
kommen. Dank Ulla, die das alles nicht mehr wollte, und
dank den Ebners, die das alles für jene verspielten Menschen aufbewahren, die immer noch an ihre Träume glauben und die fest davon überzeugt sind, dass sie wirklicher
sind als die Wirklichkeit. Was man sich mit dem Kopf aus-
denkt, vermag einem keiner mehr wegzunehmen: die Kraft
der Märchen und der Fantasie.

Die Wurschtlwelt

Café Glockenspiel, Mozartplatz 2, 5020 Salzburg

"Den Wurschtl kann keiner derschlag'n!" Wer kennt es nicht, das Lied von Erich Meder (Text) und Hans Lang (Komposition), vornehmlich in der Interpretation von Heinz Conrads, der Übergröße in Sachen Unterhaltung, als der ORF noch RAVAG, Sender Rot-Weiß-Rot und Österreichischer Rundfunk hieß. Als gelernter Wiener hat man es im Ohr, vorausgesetzt man verfügt über ein gewisses Repertoire an Jahresringen. Der beliebte Künstler interpretierte dieses Lied in seiner unnachahmlichen Art, wobei er das „r" im Wort „derrrrschlag'n" ebenso inbrünstig wie unvergesslich rollen ließ. Niemand war vor der Konsonanten-Attacke sicher. Aus dem Äther klang es wie eine Salve Schrapnellkugeln. Und natürlich assoziierte man den feschen Conférencier zeit seines Lebens mit dem besungenen Original.

Obwohl es in Wien neben dem Wurschtl immer auch noch einen zweiten Überlebenskünstler gab, den lieben Augustin. Der allerdings war in Sachen Beliebtheit nie eine ernsthafte Konkurrenz. Die wahren Wurschtl-Fans hielten's nie so sehr mit dem der Pestgrube entstiegenen Gesellen. Ihre Aufmerksamkeit galt dem Kasperl, einer Figur, die ab

Der Hanswurscht überwindet alle Hindernisse.

dem Ende des 18. Jahrhunderts wie keine andere quer durch die Kulturgeschichte von Jahrmarkt zu Jahrmarkt spazierte und die Menschen zum Lachen brachte. Überall war es der gleiche Spaßmacher, überall aber hieß er anders: Italien hatte seinen Arlecchino, Russland den Petruschka, in Deutschland hieß er Pickelhering und in England Mr. Punch. Ihnen allen gemeinsam war die Tatsache, dass die Figur Narrenfreiheit besaß, sie allein sagte die Wahrheit. Ungeschminkt und laut. Vom Hanswurst wurde das geradezu erwartet, ohne dass ihm auch nur irgendjemand böse sein konnte, durfte. Die Eulenspiegels, die „Fools", die Narren Shakespeares galten allerorten als weise und sakrosankt.

Tatort Café *Glockenspiel*. Salzburg. Es liegt an zwei der schönsten Plätze der Altstadt, dem Mozartplatz und, gleich um die Ecke, dem Residenzplatz. Mein Gesprächspartner wartet schon. Niemand Geringerer als der Salzburger Hanswurscht ist es. Jawohl, das gibt's. Vielmehr, *den* gibt's. Wir treffen uns auf halbem Weg: Er kommt aus Niedernsill angereist, ich aus Wien. Seit ich geheime Quellen plünderte und herausfand, dass es einen Mann gibt, der auf Volksfesten, Kirtagen und Hochzeiten im Schellenkostüm erscheint und die Rolle des Wurschtl verkörpert, war ich hinter ihm her. Allerdings, der Wurschtl ist viel geliebt. Die Termine des Reisenden haben sich denen des Vielbegehrten anzupassen. Keine leichte Aufgabe. Nun aber sitzen wir uns gegenüber, hier, auf der Terrasse des zauberhaften Cafés. Er ist in Montur, wie immer, wenn er beruflich unterwegs ist. Sein Haus verlässt er nicht anders. Das Wort „Kostüm" kommt ihm gar nicht über die Lippen. Ein Kostüm legt man an. Er legt seines nie ab – eben, weil es keines ist. Das macht den Unterschied. Er *ist* Hanswurscht. Einmal Wurschtl, immer Wurschtl.

Einen bürgerlichen Namen hat er schon auch, der Johannes Rupert Franz. Aber eigentlich ist ihm seine Figur lieber. Geerbt hat er die Identität von seinem Vorgänger, dem Salzburger Werner Friedl. Aber das ist mindestens dreißig Jahre her, und mindestens so lange will er auch noch im Amt bleiben. Wir schießen ein paar Fotos. Kinder winken, die Chefin steppt vorbei. Auch sie ist erfreut, ihn zu sehen.

„Die Menschen mögen mich. Ich bringe ihnen Glück."

„Wie kommt man auf die Idee, Hanswurscht zu werden?" „Ernannt bin i worden. Vom Salzburger Altstadt-Marketing. Die san schuld!" Der Herr Franz lacht sein Wurschtl-Lachen. Jetzt sind praktisch schon alle auf ihn aufmerksam geworden, eine kleine Schlange hat sich bis zu unserem Tisch gebildet. Der Wurschtl zückt seinen Stift und verteilt Autogramme.

„Meine allererste Aufgabe ist es, am Rupertikirtag die Fahne zu hissen. Da drüben!" Er deutet hinüber, dort, wo jeden September das große Volksfest stattfindet. Wer soll das machen, wenn nicht der Herr Wurscht? In Salzburg nämlich ist er weltberühmt. Und mit ihm sein Alter Ego.

„Klar, die Figur ist ein Türöffner", sagt er mit dröhnender Stimme, und die Leute ringsum lachen und nicken. „Aber brauchst net glauben, dass es damit 'tan ist. Ich bring den Leuten die Laune. Das ist das Lebensnotwendigste überhaupt. Schau: Du erzählst G'schichten und i bin der Wurschtl. So hat jeder sei' Bestimmung."

Das kommt mir bekannt vor.

„I bin lustig. Wir san halt so. Auch auf den Jahrmärkten damals, als die Kasperln die Schmerzen der Patienten mit dem Gelächter der Zuschauer übertönen mussten. Die Zahnbrecher haben uns bezahlt, brauchst net glauben. Der Stranitzky ist 1708 erstmals im Kostüm aufgetreten, später natürlich auch, in seiner Zeit als Theaterdirektor."

Auch das kommt mir bekannt vor.

„Er war selber Zahnarzt, quasi eine Personalunion seiner selbst."

„Und du?", frage ich, denn inzwischen bin ich mit dem Johannes per Du, „was warst du früher, ich meine, als Wurschtl kommt man ja nicht auf die Welt?"

„Doch. Aber zwischendurch hab ich Tortenecken verkauft. Von der Süßigkeit zur Wurscht. Verstehst?" Der Herr Wurst sieht mich mit Zanderaugen an, listig und klug zugleich.

„Verstehe."

„Einmal hab ich von einer Frau g'hört, die unbedingt zum Rupertikirtag wollte. Sie war zu schwach dafür. Am nächsten Tag is der Hanswurscht zu ihr ins Hospiz 'kommen. Ich hab ihre Hand g'halten. Am nächsten Tag wieder.

Rupertikirtag in der Stadt Salzburg

Und wieder. Und wieder. Die Frau wurde immer müder. Ihre Augen haben zum Strahlen ang'fangen. So lang, bis sie zug'fallen sind. Für immer."

„Verstehe", sage ich.

Der Spaßmacher „versteht" es lange schon. Vom Domplatz, dort, wo die Kutschen stehen, weht Musik herüber. Nein, keine Kirtagsmusik. Heuer gibt's den „Ruperti" ja nicht. Heuer trägt selbst die gute Laune Maske. Ein paar Straßenmusiker spielen einen Landler. Sie haben auf der Terrasse des *Glockenspiel* ihren Hanswurscht entdeckt und bieten ihm ein Ständchen dar. Die Menschen brauchen ihn halt und er, er braucht die Menschen. Der Salzburger Wurschtl hat mir heute ein Geschenk mitgebracht – in Form einer Geschichte. Mit einer solchen möchte ich mich revanchieren. Mit dieser hier.

„Mir san die Menschen halt net wurscht", sagt er, der Kasperl, der Weise, der Narr. Und dann steht er auf, schüttelt zum Abschied sein Schellenkostüm und geht. Und die Menschen applaudieren und winken ihm zu. Den Klang der Glöckchen behalte ich im Ohr. Lange noch.

„Verstehst?"

Ja. Ich habe verstanden.

Salzburg-TIPPS

Besondere Menschen

Wagnermeister Christian Lassacher: „Der beste Leim des Wagners ist die Spucke." Rodeln, Räder und runde Sachen – für die Kunst des Holzbiegens ist einer der letzten Meister seines Faches zuständig. Obere Postgasse 17, 5580 Tamsweg

Fischhändler Walter Grüll: Alles, was sich in Seen, Flüssen und Meeren verbirgt, ist sein Ding. Österreichs führender Kaviar-Produzent melkt Störe, züchtet Fische und serviert diese in seinem kleinen, aber feinen Gourmet-Tempel. Neue-Heimat-Straße 13, 5082 Grödig

Schnapsbrenner Anton Vogel: Fachgerecht vergären, destillieren und veredeln ergibt natürliche Klarheit. Die Vögel pflücken seit Generationen Obst und brennen es. Der *Guglhof* ist das Mekka hochprozentiger Spezialitäten. Davisstraße 13A, 5400 Hallein

Raus in die Natur

Fuschlsee: Einmal rund um den See – Wald, Schilf, Wiesen, Felder, hier gibt es alles, was glücklich macht. Jetzt muss nur mehr das Wetter stimmen, dann steht einem erfrischenden Bad nichts mehr im Wanderweg. 5330 Fuschl am See

Lamprechtshöhle: Mit 60 Kilometern Länge ein Gigant der unterirdischen Welt. Auf abenteuerlichen Wegen und Steigen dringt man in das riesige Höhlensystem vor. Nur für Wagemutige! 5092 St. Martin bei Lofer

Postalm: Oberhalb von Abtenau liegt das größte zusammenhängende Almengebiet des Landes. Der gehenswerte Almblumenweg führt vom Gasthof *Lienbachhof* zur Stroblerhütte (Bauernkrapf'n mit Hollerkoch!). Seydegg 75 & 69, 5441 Abtenau

Die Leichtigkeit des Augenblicks

**Begegnung mit Skikönigin Petra Kronberger,
Weng 149, 5453 Werfenweng**

Bischlinghöhe, Schnapfenriedl, Rosnerköpfl, Ladenberg. So heißen die Sehnsuchtsgipfel heimischer Skihaserln. Werfenweng im Pongau, keine fünfzig Kilometer von der Landeshauptstadt entfernt. Hier, oder ganz in der Nähe, rutschte vor noch nicht langer Zeit ein Pistenfloh über die Babyhänge. Nicht genug hat er bekommen können vom schneeigen Vergnügen. „Kinderskikurs" hieß das Zauberwort, heute trägt die Baby-Schmiede den coolen Namen: „Skischule Pro mit Bobo-Kinderclub im Kid's Snowpark". War es damals das Fräulein Skilehrer, zu der die Liftdreikäsehochs aufschauten, ist heute der Pinguin das Maskottchen. Der blond gelockte kleine Floh war ein Mädchen. Mit der Zeit wurden die Pisten steiler und die Bretteln länger. Immer höher kletterte die Kleine die Lifttrassen hinauf, Kader um Kader, bis sie, kaum dass sie oben angelangt war, Meisterin wurde. Weltmeisterin.

Zugegeben, ein bisschen nervös bin ich schon. Warum auch nicht. Schließlich sitze ich gleich einer einfachen

Weltmeisterin, zweifachen Olympiasiegerin und dreifachen Gesamtweltcupsiegerin gegenüber. Das, liebe Freunde, ist nicht nichts. Eine Athletin (sagt man so?), wie's im Büchl steht. Das sind andere auch, was sie aber von ihnen unterscheidet – ganz oben, am Höhepunkt ihrer Karriere, ließ sie es gut sein. Es war ja gut. Ein paar Monate nach ihrem größten Triumph, dem Gewinn zweier Goldmedaillen bei den Olympischen Spielen in Albertville, schnallte sie die Arbeitsgeräte ab und öffnete jene Türe, die andere ein Sportlerleben lang nicht finden. Sie hängte den Rennanzug an den Nagel, löschte das Licht und ging. Die Türe fiel ins Schloss und sie öffnete sie nie wieder. „Die wahren Entscheidungen triffst du einsam", wird sie später in einem Interview sagen. „Eine Skikönigin ist abgetreten", titelten die Zeitungen am 28. Dezember 1992.

Ich war wohl nicht der Einzige, den sie alleine zurückließ. Kein einziges Skirennen hatte ich versäumt, damals, als die Zeit noch in Hundertstelsekunden gemessen wurde.

Sie war das Idol meiner guten Jahre. So nennt man die Zeit, in der man die Welt erobern will. Danach blieb mein Fernseher dunkel. Die anderen interessierten mich nicht: Schneider, Seizinger, Wiberg. Meine Königin war abgetreten. Sie fuhr nicht mehr. Sie ging. Darf eine so junge Monarchin ihr Reich verlassen? Wie viele Siege hätte sie mir noch schenken können! Ein kurzes Sportlerleben lang siegte sie in Serie und erfüllte die Träume einer Sofasurfer-Nation. Fünf kurze Jahre war sie auf den Pisten dieser Welt zu Hause – und auf meinem Schirm zu Gast. Schneller, weiter, höher. Der Mensch hinter dem Erfolg blieb unentdeckt. Denkmäler fühlen sich kalt an. Ich kenne nur eines, das Wärme ausstrahlt, das der schwedischen Schauspielerin Margaretha Krook. Zeit ihres Lebens hatte sie ihren Fans Herzenswärme geschenkt. Jetzt bekommt sie sie zurück: Im Inneren der Statue vor dem Stockholmer Nationaltheater verbergen sich Heizschlangen.

Ich stehe am Fuße des Bischling, eines imposanten Buckels inmitten des Tennengebirges, und betrachte ein paar Flöhe bei ihren ersten Versuchen, die Fußbrettchen unter Kontrolle zu bringen. Wenn sie hinfallen, lachen sie sich zu Tode, werden von ihren Mamis aufgehoben und wieder auf Spur gesetzt.

Wir haben uns in der Nähe ihrer ersten Skiversuche verabredet. Hier möchte ich sie treffen, um Wärme zurückzuschenken. Das habe ich mir vorgenommen. Ich erwarte mein einstiges Idol, die Jüngste des damaligen Teams, die Unbeschwerteste. Sie war so „pfeif drauf". Ein Salzburger Mädl mit roten Apfelbacken, lustigen Locken und Grips im Kopf. Gerade bin ich dabei, diese Zeilen in mein Büchlein zu schreiben, als sie sich vor mir aufpflanzt – das junge, unbekümmerte Ding, das sie ist, das sie war, das sie immer sein wird. Sie bestellt Tee „mit nix drin außer Zitrone" und sieht mich lachend an. Ich beginne vorsichtig, mäßig einfallsreich, wie das so ist, wenn man sich einer Königin nähert.

„Muss man etwas im Kopf haben, um einen Hang mit 120 km/h runterzurutschen?"

„Zumindest ist es nicht hinderlich. Allerdings, zu viel denken bringt auch nichts."

Wir sind im Thema drin. Mich hat es immer schon interessiert: Torjäger, Downhiller, Hole-in-One-ler, Tennis-Pros.

„Die Siegertypen haben etwas, was andere nicht haben. Was?"

„Instinkt", sagt sie.

Die Kellnerin bringt den Tee und ich meine nächste Frage: „Wie ist das mit der Angst vor dem Versagen?"

„Wenn man sie hat, kann man nicht fahren. Wenn man sie nicht hat, noch weniger."

In ihren Augen lese ich Vorsicht.

„Man fährt einfach. Und Schluss."

Ich ahne, was sie denkt: Wie weit sich öffnen? Unendlich oft schon wurden ihr die immer gleichen Fragen gestellt. Und jetzt ich. Ich versuche, in ihr zu lesen. Und dann mache ich das, worauf sie scheinbar gewartet hat. Ich überlasse mich ihr. Ich erzähle von meinen Misserfolgen, meinen Träumen, dem Schließen von Türen, von unerwarteten Herausforderungen. Sie sieht mich an, hört mir zu. Ab nun stellt sie die Fragen. Indem sie mir zuhört, öffnet sie sich. Wir legen unsere Scheu ab, wir beginnen, einander zu vertrauen. Sie erzählt von ihrer Liebe zur Musik. Vom Chorsingen, von ihren Auftritten am Theater, davon, eine unter

Die Weltmeisterin

vielen zu sein, vom Miteinander, vom Sich-gehen-Lassen, vom Loslassen, vom Leben ohne Kalkül und Ziellinie.

„Musik ist spüren, sich überlassen. Singen ist nicht hinterfragen, nicht genügen, nicht müssen. Musik ist Glück."

Die Bedienung kommt, ich habe die Zeit übersehen. Ob wir noch etwas möchten? Die Sonnenstrahlen sind dabei, sich hinter die Berggipfel zurückzuziehen. Mich fröstelt. Ich will noch so vieles wissen.

„Ja, Einflüsterer gibt es viele", sagt sie. „Du brauchst jemanden, der für dich da ist, dem du dich anvertraust, der mithilft, Schmerzen und Glück zu tragen. Beides." Schon wieder Glück. „Das Ideale ist, das für den Moment Beste aus sich herauszuholen."

„Wie weiß man, was das Beste ist?"

„Man spürt es. Dein Körper sagt es. Mir ist so viel geglückt. In kurzer Zeit."

„Zufall?"

„Ich weiß es nicht. Ich bin einfach gefahren."

„Schneller als die anderen."

„Meistens. Nicht immer. Meistens."

Muss man bescheiden sein, in einer Welt, die nach Augenblicken gemessen wird, die so schnelllebig, wie ein

Rennen eben, ist? Nein, Bescheidenheit ist in dem Job keine Kategorie, nachher aber hilft es, ins Leben zurückzufinden. Das sagt die fesche, ewig junge Frau nicht. Aber ich vermeine, es in ihren Augen zu lesen.

„Man spürt, wo man selbst steht, wozu man in der Lage ist. Gefühl ist das Wichtigste. Und Selbstvertrauen. Nicht zweifeln. Nicht infrage stellen. Tun."

Um Zeit zu gewinnen, erzähle ich von meinen Reisen, vom Schreiben. Trotzdem ich Angst vor der Banalität der nächsten Frage habe, stelle ich sie. „Weshalb warst du schneller als die anderen?"

Die Antwort kommt, ohne nachzudenken. „Du bist schnell, wenn du merkst, dass dein Ski ,schwimmt', wenn er gleitet, wenn er mit dir fährt. Dann musst du dich ihm überlassen. Das Material ist entscheidend, aber noch wichtiger ist, dass du in den Flow kommst." Und damit meint sie die Hingabe an den Moment. So wie das Kind, das nicht denkt, sondern spielt. „Du musst dich der Leichtigkeit des Augenblicks überlassen, erst dann hast du das Empfinden mühelosen Glücks."

Ich bezahle. Es ist dunkel geworden. Die Königin öffnet die Autotüre. „Am 28. Dezember? Was hast du gedacht damals?", frage ich.

„Dasselbe wie davor oder danach. Ich wollte nicht mehr genügen." Sie nimmt hinter dem Steuer Platz. Das Seitenfenster surrt herunter. „Ich dachte, ich lasse mir mein Herz nicht brechen." Sie startet, fährt eine Kurve, verlangsamt die Fahrt, winkt mir fröhlich zu. „Ciao!", ruft sie.

„Ciao", sage ich. Dann gibt sie Gas. Ich bleibe in der Dunkelheit zurück. Die Bremslichter verschwinden hinter der nächsten Kurve.

Stille Nacht, heilige Nacht

Oberndorf – Hallein – Hintersee – Mariapfarr – Wagrain – Arnsdorf

Wer kennt es nicht, das Gefühl von Wärme und Behaglichkeit, wenn draußen vor den Fenstern dicke Flocken zu Boden fallen und die Menschen ihre Schritte vorsichtig auf tief verschneite Wege setzen. Es ist die Zeit, da Frau Holle ihr Bettzeug ausschüttelt und Häuser, Bäume und Vorgärten unter einer kuschelig weißen Decke versinken. Sogar der spitze Kirchturm des kleinen Gotteshauses trägt dann eine dicke Zipfelmütze aus Schnee. Ganz leise ist es draußen auf den Straßen. Gedämpfte Stimmen dringen aus den Häusern, unterbrochen von hellem Kinderlachen. Vorhänge werden zur Seite gezogen, schwacher Lichtschein fällt auf die verschneiten Wiesen. Hinter den beschlagenen Fenstern glühen Kinderaugen, sie können sich nicht sattsehen am Anblick des funkelnden, kleinen Sternenhimmels, der da an jedem Dachfirst hängt, auf Bäumen und Zäunen, so lange, bis die Kleinen von ihren Eltern fortgezogen werden und hinter den Vorhängen der warmen Stuben verschwinden.

Aus dem Vorzimmer dringen aufgeregte Kinderstimmen, unterdrücktes Lachen. Der Zimmerschlüssel dreht sich im Schloss. Einmal. Zweimal. Die Kinder schließen die Augen. Sie wollen ihre Neugierde noch hinauszögern. Vom Fenster her weht ein eisiger Lufthauch durch das Vorzimmer. Einer der Fensterflügel steht offen. Das kann nur eines bedeuten: die Ankunft des Christkinds. Doch so rasch es kam, so hurtig hat es sich wieder davongemacht. Kein Wunder. Wie viele Weihnachtsstuben muss es heute noch besuchen, um all die Päckchen unter die Christbäume zu legen. Die Türe öffnet sich knarzend. Das ist der Moment, in dem die Kinder auf der ganzen Welt die Augen öffnen. In der Zimmerecke steht ein Tannenbaum. Über und über ist er mit Kerzen und goldenen Kugeln geschmückt, dazu hängen jede Menge Süßigkeiten an den Zweigen. Ganz oben, auf der Spitze des Baumes, thront ein wunderschön weiß gewandeter Cherub.

„So nennen die Menschen die Begleiter des Heilands, die Engel", sagt die Großmutter. Jedes Jahr sind es dieselben Worte, die da ehrfürchtig und leise den Kindern ins Ohr geflüstert werden. Das blonde Haar fällt ihm auf die Schultern herunter. Was für eine Schönheit, dieser Cherub!

„Ich glaube, das Christkind war da!" So lautet der Satz, den alle Kinder ein ganzes Jahr lang, zumindest die Adventzeit über, so sehnlich erwarten. Eifrig wird mit den Köpfen genickt und die sorgfältig geflochtenen Zöpfe der Mädchen wippen und die akkurat gezogenen Scheitel der Buben geraten in Unordnung. Im Ofen knistern die Holzscheite, es riecht nach Bratapfel, Zimt, Honigkuchen und frischen Tannennadeln. Der Vater entzündet die Wunderkerzen. Mit offenem Mund stehen die Kinder in der Türe und bemühen sich, nicht auf den Geschenkeberg zu schielen, sondern die

Nasen in die Gebetbücher zu versenken, denn zuerst muss ja gesungen und der heiligen Maria für die Niederkunft des Christuskindes gedankt werden. Die Mutter stimmt das Lied an, das die Ankunft des kleinen Kindchens verkündet: *Stille Nacht, heilige Nacht.*

Der Schullehrer Gruber und sein Spezl, der einstige Pfarrgehilfe Mohr, legten uns eben dieses Lied unter den Christbaum. Und überall auf der Welt wird es gesungen, an diesem Tag im Jahr, an diesem einen Abend. Fährt man durch Salzburg, wird man konfrontiert mit einer Flut an Gedenkstätten, die an die Schrittmacher des Chansons erinnern – und dafür kräftig abkassieren. Eigentlich hatte ich gar nicht vor, durch derart viele geöffnete Türen zu laufen, allein, es gelang nicht anders. Auf Schritt und Tritt, von Hintersee bis Hallein, von Oberndorf bis Wagrain, überall wurde ich mit den immer gleichen Reliquien konfrontiert. In Mariapfarr entdeckte ich gar einen Dorfbrunnen, der den Namen Mohr trägt. Ich besuchte Gräber, Schulen, Kirchen und Museen. Das Stille-Nacht-Imperium schlug zurück. Ich ließ es mir gefallen. Das Land besitzt eben die Trinität: Mozarts Kugeln, Trapps Familie und Gruber/Mohrs Lied.

Die dazugehörende Geschichte gefällig: Am Morgen des Heiligen Abends steckt der Hilfspfarrer Mohr dem Kirchenorganisten Gruber ein Stück Papier zu. Ein paar Zeilen sind es, die da draufgekritzelt stehen. Ein paar Zeilen bloß. „Kannscht da a Liedl drauf schreiben?" Der Herr Lehrer Gruber steckt es in den Hosensack und eilt zum Schulhaus. Heute wird er den Kindern wieder die Geschichte vom neugeborenen Christuskind erzählen, von den Tieren im Stall und den vielen kleinen Engeln, die oben auf den Dachsparren sitzen, leise, ganz leise, und herunterspähen

Der Mohr-Brunnen in Mariapfarr

auf das Wunder der Geburt des Heilands. Drüben, in Arnsdorf, hält Lehrer Gruber Schule. Bevor sich die Schüler an
diesem sehr speziellen Tag auf Zehenspitzen an ihre Plätze
stehlen – alle sind schon in weihevoller Vorfreude ob der
bevorstehenden Ankunft des Christuskindes –, entfaltet er
das Stück Papier. Sein Freund Joseph hat ein paar ungelen-
ke Worte draufgekrakelt.

Was ist das? Er muss die Zeilen wieder und wieder lesen. Sie sind von einer Schlichtheit und Innigkeit, wie er sie
noch selten zu lesen bekam. In wenigen Worten wird von
der Ankunft eines Kindes erzählt. Wie soll er da in Christus
Namen eine Melodie drauf schreiben, wie Joseph ihn ge-

Die Mohr-Gitarre im Stille Nacht Museum Hallein

beten hat? Der Unterricht fällt dürftig aus. Die Gedanken des Herrn Lehrers fliegen heute weit fort, sehr weit, bis dorthin, wo Träume und Fantasie eins werden. Ein paar Töne sind es, die ihn gefangen nehmen und nicht mehr loslassen. Zu Mittag, nach dem Unterricht, wirft er hastig ein paar Notenzeichen auf den Zettel, manche hohl, manche dick ausgemalt, lustig tanzen sie auf den Linien herum – dann eilt er über Straßen und Wiesen, durch den Wald und über Felder. Um diese Zeit ist heute kein Mensch mehr unterwegs, alle sind in den Häusern und bereiten das Fest vor. Nur ein paar Krähen, die in den verschneiten Erdfurchen nach Körnern suchen, sehen ihm verwundert nach, wie er seine tiefen Schritte durch den neuen Schnee legt.

In der festlich geschmückten St. Nikolaus-Kirche in Oberndorf ist der Herr Hilfspfarrer gerade dabei, die Kerzen für die Abendandacht zu entzünden. Lehrer Gruber legt das zusammengeknüllte Papier auf den Altar und der Mohr Joseph entfaltet es, überfliegt es und blickt zu Boden. Eine nie gekannte Wärme umfasst ihn. Die beiden Männer sprechen kein Wort. Sie gehen voneinander. Später, bei der Andacht sehen sie sich wieder. Der Hilfspfarrer greift nach seiner Gitarre, denn die große Orgel versagt in diesen Tagen ihren Dienst und stimmt den ersten Akkord an. Und dann singen sie das Lied – zum ersten Mal. Die Kirchengemeinde fällt schon nach wenigen Akkorden mit ein, und die Menschen sind erfüllt von der schlichten Melodie und den schönen Worten, die da auf dem zerknitterten Zettel stehen. Ohne auch nur einen einzigen Gedanken an das ewige Leben zu verschwenden, das dem kleinen Lied bevorsteht, singen sie die zu Herzen gehende Melodie.

In allen Ländern der Welt wird seither am Christkindlabend dieses Lied gesungen. In dreihundertzwanzig Sprachen und Dialekte wurde es übersetzt, die UNESCO zeichnete es als „Immaterielles Kulturerbe" aus. Weihnachten ohne *Stille Nacht, heilige Nacht* ist ebenso undenkbar wie ein Fest ohne Christbaum, ohne den Duft von Bratapfel und ohne das Strahlen von Kinderaugen, wenn draußen Schneeflocken vom Himmel fallen und die Luft voll ist von inniger Stille der hereinbrechenden Winternacht, wenn nichts mehr zu hören ist außer dicke Schneebäuschchen, die sich Zentimeter um Zentimeter auf die Erde legen und knisternd anfrieren. Vorhänge werden dann zur Seite gezogen, schwacher Lichtschein fällt auf die verschneiten Vorgärten und hinter beschlagenen Fenstern glühen Kinderaugen, die sich nicht sattsehen können am Anblick der funkelnden, kleinen Sternenhimmel, die da an jedem Dachfirst hängen, auf Zäunen und Zweigen, so lange, bis die Kleinen von ihren Eltern fortgezogen werden und hinter den Vorhängen der warmen Stuben verschwinden, um das Fest der stillen, der Heiligen Nacht zu begehen.

Das Leben winkt

Gedanken über Kärnten

Kein Zweifel, ich gehöre der Familie der Regenpfeifer an: Watvögel, von denen die Größten doppelt so groß sind wie die Kleinsten und die – nomen est omen – auf den Regen pfeifen. Wir sind Zugvögel. Wenn in der Heimat (Wien) die niederschlagsreiche Zeit (Sommer) beginnt, verlassen wir das nasse Nest und ziehen gen Süden (Kärnten). Was mich betrifft, tue ich das mit schöner Regelmäßigkeit, seit vielen Jahren. Sonne und Wasser sind meine Lebenspartner. Beides brauche ich wie die Kimme das Korn. Kaum ziehen im Juni die ersten Regenwolken über die Stadt, schließe ich mich der nächstbesten Formation an. „Süden" steht auf den Schwanzfedern meiner Vorderleute. Die Orte, in denen ich Quartier nehme, sind grundverschieden, und doch immer gleich: feine Seestrände, Almwiesen oder etwas dazwischen, abseits der Touristenströme. Gibt's nicht? Gibt's. Man muss nur ein wenig schnüffeln. Darin liegt der Reiz. Benutze deine Nase, Wanderer.

Wie lässt sich ein Land wie Kärnten, das einem nur Glück bringt, beschreiben? Ist es die Vielfalt der Eindrücke, die Summe der Augenblicke? Um es (für mich) auf den Punkt zu bringen: Neben der „leichteren" Lebensart, die das südliche Flair mit sich bringt, ist es die Zeit des seligen

„Nichtsmüssens" und „Allesdürfens". Und dabei spreche ich natürlich weder von den strahlend „Weißen Festen", die rund um den großen See veranstaltet werden, noch von den Promenaden, den Tanzcafés oder den schicken Cocktailbars, die promi-bestückt und talmi-beladen an den Touri-Hotspots wuchern wie die Pilzlinge im Moos. Die versteckten Plätze sind es, die Seewinkel und Almhütten, jede für sich ein mich glücklich machender Geheimtipp. Und natürlich sind es immer wieder die Menschen, die mir mit ihrer unkomplizierten Art das Gefühl geben, zu ihnen zu gehören.

Wenn ich an Kärnten denke, denke ich an liebliche Täler, an dichte Wälder, an Hochalmen, von denen aus ich „ins Land hineinschaue". Ich, der ich früher in der Ferne zu Hause war, habe die Herzlichkeit der Heimat, im Speziellen der Kärntner Gastlichkeit zu schätzen gelernt. Wenn ich mich outen darf, halten zu Gnaden: Meine Leibspeise sind Kasnudeln. Schon allein der Nachgeschmack der Berge von Teigtaschen, die ich im Laufe meiner Urlaube erklommen habe, formt meine Taille in Richtung Michelin. Die Kärntner Küche ist Selbstmord auf Raten. Ein Sehnsuchtsort zwischen Begierde und Erschöpfung.

Meine Geliebte heißt Leidenschaft, auch in kulinarischer Hinsicht. War es früher die Bühne, ist es heute die Kantine. Auch ein weißes, unschuldiges Blatt Papier kann Begierde hervorrufen – ein innerer Zwang verlangt danach, es vollzukritzeln. So geht es mir mit dem Kochen, dem Reisen, dem Erzählen. Alles, was ich tue, tue ich mit nicht versiegender Leidenschaft. Dazu gehört eine Wanderung über eine sonnenbeschienene Wiese im Drautal ebenso wie eine Zugfahrt über die höchste Eisenbahnbrücke Burmas, die Zubereitung eines Linsen-Dals in Udaipur – oder einfach nur einen Sack voller Eierschwammerln nach Hause zu bringen und sie mit einem frischen Stück Schwarzbrot gleich aus der Pfanne heraus zu genießen.

Ja, ich bin süchtig nach Gaumenglück. Seit damals, als ich von meiner Kärntner Tante erstmals bekocht wurde. Die sinnlichste Art zu reisen ist die: Folge deiner Nase und bleibe stehen, wo dich dein Gaumen kitzelt. Dazu gehört ein Hummer-Picknick auf dem North-West-Path in Cornwall ebenso wie ein herzhaftes Gulasch im *U dvou koček* in Prag, eine Pho im Alten Viertel von Hanoi oder eben besagte Tanten-Nudeln in Draßnitzdorf. Das, was vor der Haustüre wächst, schmeckt. Zu Hause dann versuche ich es nachzukochen, mit all meinen Sinnen und bescheidenem Küchentalent. Nie klappt das wirklich, immer bleibt es beim Versuch. Aber was soll's. Leidenschaften, wir wissen es, entstehen im Kopf. Ich bin süchtig nach jenen Augenblicken, die zu kleinen, groß-kleinen Sternstunden werden, die mir, verwahrt in der Schatztruhe der Erinnerung, die Gewissheit schenken, zu leben.

Nicht Extravaganz suche ich, sondern Ursprünglichkeit. Keine Haube, eher Pullmankappe. Die traditionelle Küche meiner Omama, aus Bulthaup'scher Sicht frühe Steinzeit, bringt's. Fingerspitzengefühl. Und genau davon haben sie in Österreichs südlichstem Bundesland jede Menge. Liegt es an der Nähe zu der alle Sinne betörenden Triestiner oder Gradenser Küche? Die Lagune ist fühlbar nahe. Das Leben winkt. Und ich, kaum dass der Sommer naht, bin schon dort. Das zählt.

Das Glück dieser Erde

Noriker-Zucht Andreas und Karin Lilg, Techendorf 64, 9762 Weißensee

Das erste Pferdchen hatte die Größe eines Footballs und kam zu Fuß von Amerika herüber. Vor fünfzig Millionen Jahren ging das noch. Es war das erste Exemplar der Spezies *Eohippus*, vulgo „Pferdchen der Morgenröte", das da anspaziert kam. Fünfundvierzig Millionen Jahre später, so schnell kann's gehen, hatte sich das kleine Kerlchen in *Pliohippus* umbenannt und aus dem wackeligen Etwas wurde ein schmucker Einhufer. Wieder ein paar Millionen Jährchen danach, die Erdschollen waren längst auseinandergedriftet und der Atlantik war eingelassen, streckte ein lustig gestreifter Equide, bereits stramme eineinhalb Meter hoch, seine Nüstern zwischen afrikanischen Savannenbüscheln hervor – ein Ururahne des heutigen Zebras. Die nächste Evolutionsstufe setzte auf stolze nubische Wildesel, gefolgt von den heutigen Vierhufern nicht unähnlichen Exemplaren der Spezies Pferd.

Und schon sind wir im Thema: Die Noriker (wie auch alle anderen Rassen der Gattung *Equus caballus caballus*)

weisen genetische Fußspuren
quer durch das heutige Europa
auf – vom heißblütig ramsköp-
figen iberischen Typus bis zur
„kaltblütigen" Przewalski-Family
samt Herrschaften „Elchmaul" und
„Schneepflugnase", einer Unterspezies
der gebrochenen Ramsnase, deren Heimat
immer schon die unendlichen Weiten Sibiriens waren. Spät,
aber doch leisteten auch Britannien und Skandinavien mit
den „Ponys" ihren Beitrag in Sachen DNA der Domestika-
tionshistorie.

Extra-Tipp
Weißensee: Im
Sommer ein Paradies,
im Winter die größte
präparierte Natureis-
bahn der Welt!

Kurz nach Beginn der christlichen Zeitrechnung begannen die Römer ihr Reich nach Norden hin auszudeh-
nen. Legionen wurden auf die Reise geschickt, die meisten mit Sack und Pack und der Mission, Alpenvölker zu
überfallen und zu befrieden. Neue Provinzen entstanden,
darunter jene von den Tribunen im fernen Rom als Nori-
cum bezeichnete – das heutige Kärnten, Salzburg und die
Steiermark. Mitgeführte Kaltblüter verteilten sich über
Berge und Almen. Allenthalben wurde gerappt, gestempelt
und gedeckt, die Herrschaften besamten flächendeckend.
So entwickelten sich Blutlinien und Populationen, Stutbü-
cher und Hengststämme. Hippologische Karten und Kreu-
zungsregister wurden angelegt, die Menschen entwarfen
Zuchtprogramme und griffen, nicht zu ihrem Nachteil, in
die Genealogie der Tiere ein. So wurde aus dem ehemaligen
römischen Schlachtross ein lammfrommes, brav schuf-
tendes Saumtier, eine Art frühzeitlicher Lastenschlepper
auf schwer zugänglichen Händlerpfaden. Der Weg war
ein kurzer, obwohl Tausende Jahre dazwischen lagen. Die

Andreas Lilg und Ziehtochter Rabea

gutmütigen Tiere, Noriker benannt, bekamen ein neues Zuhause und erfreuen ihre Züchter bis zum heutigen Tag – so wie die Lilgs in Techendorf am schönen Weißensee, gleich nach der Ortseinfahrt rechts.

Wir sitzen am Stammtisch des familieneigenen Hotels, die Pferdezüchter und ich, und alle schmeißen sich weg vor Begeisterung über die riesenhaften Einzeher, Gattung *Equidae*. Sehr zu Recht, denn eines muss man wissen: Mensch und Pferd gehen bei den Lilgs eine nur durchs Äußere zu unterscheidende Personalunion ein. Geht's dem einen gut, ist der andere zufrieden. Der Unterschied besteht darin, dass die Lilgs aufrecht gehen, während ihre Jungen vierfüßig unterwegs sind. „Mohrenkopf" heißt der Chimborasso des Zuchterfolges. Dafür wird gelebt.

„Die Rabea ist von an Rapp, brauchst net glauben."

I glaub eh net. Augenpaare glühen mich an und die Lilgs beginnen zu hyperventilieren.

„Die Pferd' hab ich seit vieranddreißig Jahr', züchten tu ma s' erst seit zwanzig Jahr'. Für ein Zuchtprogramm a kurze Zeit. Des muasst wissen." Ich weiß. Jedem Programm liegt eine Auswahl geeigneter Zuchttiere zugrunde, mit dem Zweck, gewisse Merkmale im Populationsvolumen zu verbessern.

„Muttereigenschaften, Leichtfuttrigkeit, gute Hufe und ein ausdauerndes Fundament, des muaß stimmen, verstehst?" Verstehe. „Und die Körperformen", der Lilg'sche Familienkoch, Mitzüchter, Sohn und Betreiber der hauseigenen Population unzähliger Brillenschafe, schnalzt mit der Zunge. Und die Mutter nickt dazu. Ich natürlich auch. Einfach, weil mir gerade nichts Besseres einfällt.

„Aber ...", Lilg sen. sagt es mit fester Stimme, „reich wirst net damit. Einer spielt Golf, der andere is mit die Pferd' unterwegs, verstehst?"

„Klar."

Immerhin aber haben es die Lilgs im Jahre 2019 zu einem veritablen Zuchterfolg gebracht. Landesjungstutenschau heißt das Hole-in-one in ihren Kreisen. Die besten Drei- bis Vierjährigen marschieren an einer gestrengen Jury vorbei. Einhundertneunzehn Noriker-Damen wurden vorgestellt, fast alle ins Stutbuch eingetragen: Widerristhöhe, Bandmaß, Brustumfang, Röhrbein, alles wird begutachtet. Die Maße sind das A und O, sie bestimmen Schönheit und Rasse. Das Gleiche gilt für Farbe und Reinheit des Felles. Es folgt die Musterung am harten Boden. Prüfung von Gangkorrektheit und Fundament im Vorführdreieck heißt die

Disziplin. Ganze vier Mädels erreichten die „Bewertungs-klasse Ib". Mit bester Note und dem Traum-Stockmaß von hundertdreiundsechzig Zentimetern wurde die junge Lilg, die Blauschimmelstute Rabea n. Hofadel Schaunitz XVI a. d. Ritta-Weissensee n. Zollfeld Schaunitz XVII Landessiegerin 2019. Die Lilgs aus Techendorf am Weißensee, gleich nach der Ortseinfahrt rechts, strahlen. Zu Recht.

„Mein Traum ist der Mohrenkopf, des muasst scho wissen."

Bis vor Kurzem hätte ich nicht gedacht, dass diese Farbbezeichnung politisch korrekt ist. Mohrenköpfe gelten als der Höhepunkt heimischer Zucht. Das Fell hat ein sattes Grau, makellos und ohne jeden Einschluss, der Kopf und die Beine sind dunkler. Zu jeder Jahreszeit allerdings wechselt der Farbton. Im Winter ist er dunkel, im Frühling bläulich, im Sommer hellgrau.

Die achthundert Kilo schwere Schönheit wird aus dem Stall geführt. Ich habe Achtung vor diesem prachtvollen Tier – je näher es mir kommt, desto mehr. Dann steht es neben mir und sieht auf mich herunter. „Nun wachs mal ran ...", flüstert es mir zu, hebt den riesigen Schädel, schüttelt ihn und lässt zur Bekräftigung einen Wieherer los, dass die Kollegen drüben, am Südufer des Weißensees, ihre Ohren spitzen. Ich tätschle Hals und Flanken des Mohrenkopfes und fühle seine Kraft.

„Hundert Fohlen hab ich scho g'habt, aber die Rabea is die Beste. Schau dir den Hintern an. Das is der Motor. Da is alle Kraft drin. Verstehst?"

Ich verstehe.

Der Tag neigt sich dem Ende zu und ich spaziere drüben am anderen Ufer noch ein wenig durch die schöne

Der schöne Weißensee

Herbstlandschaft. Ein fernes Wiehern holt mich aus meinen Gedanken. Sie hat mich nicht vergessen, die junge Lilg. Ich bleibe stehen und strecke meine Nüstern in den Wind. Gegen Abend wird es hier draußen schon empfindlich kühl. Meine neue Freundin wird einen geruhsamen Winter verbringen, und dann, im Frühjahr, wenn das Fell bläut, wird sie mit ihren Freundinnen hoch hinauf auf die Alm übersiedeln, wo sie den Sommer über auf den Wiesen steht und ihre Freiheit genießt – mitsamt ihrem Fohlen. Das möge ebenso makellos werden wie seine Mutter, die schöne Rabea: Ein kraftstrotzender junger Mohrenkopf, der zu einem echten, jungen Lilg heranwächst und seinen Zieheltern alles Glück dieser Erde bereitet.

„Es ist kein Hobby. Es ist mein Leben", sagt der Senior zum Abschied und dabei bekommen seine Augen einen Schimmer, ganz so, als wenn ein Vater von seinem Kind spricht. Immerhin haben sie damals keine Mühen gescheut, vor langer, langer Zeit, als sie von Amerika herüberspaziert kamen, die kleinen, footballgroßen Pferdchen der Morgenröte, zur Freude der Menschen, zur Freude der Lilgs.

Die Schule des Bauens

Burgbau Friesach, St. Veiter Straße 30, 9360 Friesach

Nähert man sich der Burgenstadt Friesach, fällt auf, dass sie ihren Namen nicht zu Unrecht trägt. Wo sonst bitte werden dem Besucher gleich drei, oberhalb der Stadtmauer schwebende, Gustostückeln geboten: Burg Petersberg, Burg Geiersberg sowie die Kirchenruine Virgilienberg. Der Stadtspaziergang führt vorbei an anderen imposanten Bauwerken, unter anderem an der alten, schön erhaltenen Stadtmauer mitsamt prall gefülltem Wassergraben, der Heiligenblutkirche, der Dominikanerkirche, der Deutschordenskirche sowie der Pfarrkirche. Ein bisschen viel Getürm für knapp fünftausend Einwohner. Die Stadt wollte eben immer schon hoch hinaus. Durch die günstige Lage an der Italienroute zwischen Wien und Venedig stieg sie zu einem der wichtigsten mittelalterlichen Handelszentren mit eigener Währung auf, dem Friesacher Silberpfennig – ein damals überregional gültiges Zahlungsmittel. Der heftig umkämpfte Flecken wurde insgesamt dreimal erobert, geplündert und zerstört. Steinerne Zeugen dieser turbulenten Zeiten erinnern heute noch an jeder Ecke der verwinkelten Innenstadtgässchen. Grillparzers Zitatenschatz darf geplündert werden: „Friesach war eine kleine Welt, in der die große ihre Probe hält."

Was Wunder, dass genau hier eine spektakuläre Idee geboren wurde und umgesetzt wird – der Neubau einer Burg. Die Sache allerdings hat einen entscheidenden Twist: Die Arbeiten müssen exakt jenen Handwerksmethoden entsprechen, die zur Zeit der Entstehung der Friesacher Baukunst gebräuchlich waren. Kein Motor, kein Strom – die Technik des 21. Jahrhunderts bleibt außen vor. Baustoffe sind Holz, Stein, Kalk, Eisen und Wasser. Manpower ist angesagt, alles andere tabu. So entsteht ein in vielerlei Hinsicht aufsehenerregendes Projekt: Vergessenes Handwerk wird wiederentdeckt. Seilwinden, Blattsägen, Schmiedehämmer, Schraubstöcke, Kalköfen, alles muss vor Ort hergestellt und bedienbar gemacht werden. Bauen mit dem Wissensstand des Mittelalters – eine Zeitreise zu altem Wissen, zum Begreifen

Schottis Kärnten-
Extra-Tipps

Nachtskilauf:
Am Nassfeld/Tröpolach kann man in der Nacht Ski fahren. 2,2 Kilometer Pistenvergnügen in buntem Licht ...

Pankratium Gmünd:
Eines der wohl spektakulärsten Museen. Faszinierend, wie Töne um die Wette springen und die Farbe ändern ... Hintere Gasse 60, 9853 Gmünd in Kärnten

Goldgräberdorf in Heiligenblut:
Von Fort Knox in den Wilden Westen – Goldrausch am Fuße des Großglockners. Fleiß 10, 9844 Heiligenblut

von Geschichte. Ein Projekt zukunftsweisender Erfahrung: sehen, denken, fühlen wie anno dazumal. Auf einzigartige Weise wird alles neu erlernt.

Am Holztor erwartet mich einer der Masterminds dieses ungewöhnlichen Bauprojektes, Gerald Krenn. Allein sein Outfit ist schon skurril. Leinenhemd, Drillichhose, klobige Schuhe. Die Kleidung wirkt wie Verkleidung. Tatsächlich laufen hier alle so herum. Als ob eine verstiegene, gottverherrlichende Bruderschaft am Werk wäre.

„Wundern Sie sich nicht", sagt der Herr Bauleiter und lächelt, als ahnte er, in welcher Sinneszentrifuge ich bald schon aufschlage. „Hier sind ausschließlich Meister ihres Faches am Werk. Entschleunigung ist angesagt."

„Rückschritt", sage ich vorsichtig.

„Fortschritt", brummt der Bär von einem Mann.

Wir kommen an einem Steinhauer vorbei. Ich traue meinen Augen nicht: Der Typ haut, wie der Name sagt, Steine. Die rohen Quader werden oben, an der Spitze des Hügels, beim Turmbau verwendet.

„Sie beginnen bei null", sage ich.

„Bei minus siebenhundert. Wir denken die Baukunst von Grund auf neu und begreifen die Vergangenheit auf eine sehr einfache Weise. Dadurch blicken wir in die Zukunft. Mit wiedererlerntem Wissen und Zusammenhängen, die uns die Natur anbietet, gelingt es, das Alphabet neu zu buchstabieren."

In einem roh gezimmerten Schuppen sägen zwei bärtige Männer lange Baumstämme zu Brettern. Die Männer stehen auf einem Gerüst, übereinander, und bewegen ein in einen Rahmen gespanntes Sägeblatt. „Aufschneida" und „Obezahra" nennt man sie. Die Säge wird stetig und ohne jede Hektik auf- und niedergezogen. Irgendwann wird das

Brett fertig geschnitten sein, ich wage nicht zu denken, wie lange das dauert. „Woher kriegt man eine so lange Säge?", frage ich und ahne die Antwort.

„Selbst gemacht."

Wir steppen bei den Zimmerleuten vorbei. Jeder Hammer, jeder Nagel, jede Werkbank ist eigenhändig gefertigt. Die Männer sehen mich an, als wären sie gerade einem Bruegel-Gemälde entstiegen. Einer hat sich am Daumen verletzt. Kein Problem. Ein Leinenlappen stillt das Blut, dazwischen sind Heilkräuter aufgelegt.

Mörtelmischer, Windenknechte, Korbflechter, Kalkbrenner und Schmiedemeister arbeiten hier. Die Besten der Besten. Warum? Weil Handwerk „in" ist. Die Meister bilden Lehrlinge heran.

Aufschneida und Obezahra

„Das Projekt steht auf drei Säulen: Wissenschaft, Nachhaltigkeit und Tourismus. Wir entdecken altes Wissen neu, wir bilden Fachkräfte aus und bewahren sie vor Beschäftigungsengpässen. Dazu profitieren wir vom Interesse des Publikums, einfach, weil wir Eintritt verlangen", sagt Herr Krenn.

Und ich frage: „Freuen Sie sich darauf, wenn alles fertig ist? Oder eher nicht – einfach, weil es fertig ist?"

„Natürlich freue ich mich darauf. Vor allem aber möchte ich es erleben. Es könnte knapp werden."

„Und danach? Was kommt danach?"

„Danach? Das Wissen. Hoffentlich."

Jetzt weiß ich auch, weshalb mir das alles so gefällt. Ich, der ich keinen Nagel gerade einschlagen kann, das personifizierte Antitalent jedweden Handwerks, staune und schaue und kann das alles nicht fassen. Rund um mich jede Menge Geschäftigkeit. Alle scheinen zu wissen, was zu tun ist. Sie wirken mit am Turmbau zu Babel. Hier entsteht in gemeinschaftlicher Anstrengung etwas, das von nichts anderem zusammengehalten wird als von Wissen, Wagemut und Ausdauer und vom Traum, Unmögliches möglich zu machen.

Kärnten-TIPPS

Genuss-Reich

Almgasthaus Zur Alten Käserei (am Fuße des Poludnig): Gottvolle Brettljause inmitten von Almen und Bergen. Egger Alm, 9631 Rattendorf

Restaurant Bärenwirt: Resolut gute Hauben-Küche im Gailtal. Hauptstraße 17, 9620 Hermagor

Hofschenke Mühlenstüberl: Schlipfkrapfen, als Hauptgang springt die Forelle aus dem Bach auf den Teller: Slow Food at its best! Obergall 31, 9653 Liesing im Lesachtal

See-Seeing

Presseggersee: Der dichte Schilfgürtel beherbergt unendlich viele Vogelarten, im See tummeln sich Karpfen, Hechte und Waller – der Fußweg ist ein Traum!

Ossiachersee: Zwei Attraktionen, die man nicht versäumen sollte: die Japanmakaken am Affenberg und das Steinhaus von Stararchitekt Günther Domenig!

Die überaus seltsam riechende Pflanze Speik und ihre wundersame Wirkung auf die menschliche Natur

Bertlhof – Nicole und Hans-Peter Huber, Saureggen 4, 9565 Ebene Reichenau

Cleopatra tat es. Der griechische Arzt Aelius Galenus tat es. Das Volk der Kelten tat es, ebenso das der Syrer, des Sudan, bis hin zu den Bewohnern der Berberdörfer am Fuße des mächtigen Atlas. Sie alle badeten in der gleichen trüben, übel riechenden Brühe, sie alle rieben sich mit ihr ein, massierten einander und schluckten sie tröpfchenweise. Essenzen, Cremen, Tinkturen. Das Rohprodukt war gleich. Sogar die Gottesmutter verwendete Nardenöl, als sie die Füße ihres Sohnes salbte. Das Zeug besaß schon damals einen etwas herben Duft, beruhigte aber die Psyche und schuf, so sagte man, eine „gute Verbindung zur Erde". Auf körperlicher Ebene wirkte das ätherische Öl meditativ, regenerierend, pilzhemmend und galt als ideales Mittel gegen Schlafschwierigkeiten. Der Herr Sohn wird es seiner umsorgenden Mutter gedankt haben, nur hatte er gerade andere Probleme. Im Mittelalter rieb man sich das Safterl gegen Schwellleber und Gelbsucht ein. Und wenn das alles auch nichts nutzte, ab nun roch man wenigstens eigen. Sogar den Kühen mischte man es ins Futter. Ergebnis: Das Abkalben war deutlich entspannter. Mit einem Wort: Immer schon nutzten Gesundheitsaufmerksame das streng riechende Wunderelixier: als Aphrodisiakum, Aromadroge, Allwettermittel. Sogar gegen Motten wurde es eingesetzt, von Magenbitter ganz zu schweigen.

Man soll seine Leser nicht allzu lange auf die Folter spannen: Das Zeug heißt Speik und wächst in Kärnten. Genauer gesagt auf den Nockbergen. Und auch nur an speziellem Ort. Sonst nirgends. Das Wissen darüber teilen sich genau zwei Bauern. Sie sind die einzigen autorisierten Speik-Pflücker des Landes, der Welt. Wie das? Weil es so ist. Herr Rossmann vom Biosphärenpark Nockberge lächelt. Seine Aussage ist sakrosankt, also will ich ihm glauben. Wir schwingen uns in seinen Allrader und fahren hinauf zum Bertlhof, auf sechzehnhundert Meter. Dort erwartet man uns bereits. Ich habe ihn mir anders vorgestellt, den Autorisierten – als einen wettergegerbten, schrulligen Älpler,

mit schrundigen Händen und verfilztem Bart. Ein drahtiger Feschak steht da, in der Hand ein Glas.

„Speik?", frage ich. Er wirft sich weg vor Lachen, ebenso der Herr Biosphärenpark-Ranger.

„Zirberl! Den Speik kannst net trinken. Der is nur g'sund. Sonst nix!"

Eigentlich ist das viel begehrte, unscheinbare Pflänzchen längst schon ausgestorben. Der Welthandel hat es ruiniert. Nur weit oben wächst es noch, auf zweieinhalbtausend Metern Höhe, und auch nur von Mitte August bis Anfang September. In diesen zwei Wochen wird „gespeikt". Mit einem Kramperl holt man es möglichst inklusive Wurzel aus der Erde und hängt es im maussicheren Troad-

kasten, einem kleinen, luftigen Holzschober, zum Trocknen auf. Täglich muss man es drehen und wenden. Nach etwa drei Wochen holt sich der Teuffel die stinkende Knolle. Der Herr ist menschlicher Natur, heißt Wikhart mit Vornamen und ist Besitzer der kosmetikverarbeitenden Fabrik SPEICK. Man staunt. Das Naturprodukt darf kein anderer Betrieb verarbeiten. Die Leute aus Leinfelden-Echterdingen bei Stuttgart haben sich vorsorglich die Weltrechte gesichert, damals, als die Pflanze unter Naturschutz landete. 1936 war das und die Tatsache der Exklusivität kannibalisierte die Konkurrenz. Die findigen Kosmetiker nutzten nieß. Seither werden die beiden Kärntner Speik-Familien für ihre mühsame Tätigkeit von ihnen bezahlt. Schlecht und recht.

Nach dem Trocknen geht's ans Pressen, aus siebzig Kilo trockenen Knollen gewinnt man einen Liter Öl. Der allerdings reicht lange, denn die Chose ist geruchsauffällig. Den Gestank, um das Kind beim Namen zu nennen, wird man so schnell nicht los – die aromatischen Inhaltsstoffe überleben. Lange. Apropos.

„Waßt, wos ma früher mit die Lauser g'macht hat? Man hat sie eing'stunken. Tagelang hat man's im Speik sitzen lassen. Erst dann ham s' auße dürfen. Danach hat a jeder

Speik, die überaus seltsame Pflanze

g'wusst, wer a Spitzbua woa. Ma hat ihn g'rochen. Wochenlang. Kilometerweit!" Der Huber-Bauer hält sich den Bauch vor Lachen und ich hole mir im nahe gelegenen Holzschuppen ein Näschen voll. Ein olfaktorischer Supergau! Das verlangt nach Nervennahrung. Ein weiteres Gläschen für Erwachsene, mit Zirbe gut befüllt, verschwindet in der Kehle (das Glas würge ich wieder hoch). Der hochprozentige Gin trägt den schönen Namen *Mitzii* und ist benannt nach dem Vorzeigebaum des Biosphärenparks Nockberge. Dafür wurde dem schlauen Bertlhof-Bauern der Kärntner Agrar-Innovationspreis *VIFZACK 2020* verliehen.

Zum Abschied aus dem höchst eigen duftenden Hochland-Reich muss ich mich auch noch, man glaubt es nicht, durch diverse Eissorten kosten. Richtig gelesen. Die Hubers produzieren über hundert (!) Speiseeissorten und versorgen die Region flächendeckend mit Butterkekseis, Sauerrahm-Honigeis, Kürbiskern- oder Mohneis, um nur einige wenige zu nennen. Anna-Lena und Lorena, der hoffnungsvolle Nachwuchs, treten, nebst weiteren „Bertln", zur Verabschiedung an. Der abgefüllte, reichlich eingeduftete Städter sagt Adieu. Wieder war er in einer anderen Welt zu Gast. Zurück bleibt eine Bergbauernfamilie, die so gar nicht der landläufigen Norm entspricht. Aber was heißt schon „landläufig" und was heißt „Norm"? Die wird, wir wissen es, ausschließlich im Kopf produziert. Die Wirklichkeit riecht meist anders. In diesem Fall hinterlässt sie eine durchaus wundersame Wirkung auf die menschliche Natur. Auf meine.

Über das Fremde

Senza confini – Brez meja – Ohne Grenzen". Wer denkt da nicht an Freiheit? Lange ist es noch nicht her, da verloren die Staatsgrenzen in großen Teilen des Kontinents an Bedeutung. Der europäische Einigungsprozess brachte das mit sich. Sehr zum Missfallen einiger. Das Dreiländereck Kärnten – Slowenien – Friaul-Julisch Venetien, Schnittpunkt der germanischen, romanischen und slawischen Kultur, eignet sich bestens, um über den Begriff „Grenzenlosigkeit" nachzudenken. Das Kanaltal trennt die Karnischen Alpen von den Julischen und den Karawanken. Im Norden grenzt es (schon wieder dieses Wort!) an Österreich, im Osten an Slowenien, im Süden fällt es ab und führt auf schnellstem Weg in Richtung Lagune.

Besucht man das schmucke Klagenfurt, immer schon Heimat verschiedener Ethnien, Sprachen und Lebensweisen, die, so unterschiedlich sie erscheinen mögen, im Herzen doch gleich sind, kommt man nicht am seltsamsten aller Wahrzeichen, dem Lindwurm, vorbei. Vermutlich symbolisiert er Kraft und Wagemut der Hiesigen – wurde doch der Jungfrauen verschlingende Wurm, zumindest der

Der Lindwurm

Stadtsage nach, an eben dieser Stelle grausam zur Strecke gebracht. Bei einem anderen Ungeheuer tut man sich bis heute deutlich schwerer ...

Gleich neben dem Feuerspeienden hat rechtzeitig im Jubiläumsjahr 2020 eine kleine, aber feine, vor allem hoch weise Ausstellung ihre Klappwände aufgestellt: *Zeitreisen – Perspektiven, Landmark-Architektur des Wissens und Erinnerns Kärntner Geschichte, unter Berücksichtigung der Volksabstimmung vor hundert Jahren.* Der 10. Oktober 1920 war der Tag, an dem sich fast sechzig Prozent der sich dem slowenischen Kulturraum zugehörig fühlenden Kärntnerinnen und Kärntner *für* den Verbleib bei der damals noch jungen Republik Österreich aussprachen. Nicht jeder begrüßte diese Entscheidung. Der ethnische Konflikt prägte die jüngere Geschichte des Landes und verschattet bis heute das Zusammenleben von Mehrheitsbevölkerung und Volksgruppe.

Die Rahmenbedingungen der Volksabstimmung 1920

Die Globalisierung kochte den braunen Sud der Nationalisierung wieder auf. Neue Völkerwanderungen setzten ein, sowohl das Thema kulturelle Vielfalt wie auch deren Diskriminierung wurde neu aufgerollt. Wie geht man mit Identität um? Mit Heimat? Mit Vergangenheit? Was lehrt uns das für die Zukunft? Respekt und Anerkennung könnten es möglich machen, dass wir den Schritt wagen, einander mit unseren Welten vertraut zu machen. Alles gegen das Nichtbefolgen von Gesetzen, Riten oder Bräuchen des Gastlandes. Aber nichts für Vorurteile und Ausgrenzungen gegenüber Fremden.

Wir sind uns manchmal selbst fremd, sogar im eigenen Land. Ein Vorarlberger Dialekt bringt mich ebenso an die

Grenze der Verständigung wie das gegenseitige Misstrauen, dem ich manchmal in der Wiener U-Bahn begegne. Hier weht der Wind des Fremdenhasses. Das jagt mir mindestens so viel Angst ein, als wenn ich auf einer burmesischen Landstraße in der Nähe von Nyaung U bei Finsternis von wilden Hunden angegriffen werde oder mir in einer engen Gasse im indischen Varanasi unversehens eine Herde Kühe den Weg versperrt und ich mich inmitten einer Leichenprozession auf dem Weg zum Scheiterhaufen wiederfinde.

Heutzutage können wir uns überall auf der Welt virtuell niederlassen. Wir können uns ungestört mit Menschen aller Länder mittels der Nabelschnur Internet unterhalten. Wir geben uns als Weltbürger, werden aber zum Kleinhäusler, wenn Menschen aus anderen Welten bei uns auftauchen. Wir sind doppelt gemoppelt: Dank der Globalisierung agieren wir einerseits wie Nomaden und bestehen andererseits auf unseren Grenzen. Könnten wir uns doch bewusst machen, was da in uns abläuft. Indem wir anderes entdecken, entdecken wir uns selbst. Und das täglich neu. Immer wieder. Könnten wir doch mit dem Herzen denken.

Lechaim! Auf das Leben! Ljubim te!

Vom Suchen und Finden

Emberger Alm, 9771 Berg im Drautal

Pilze sind weder Pflanzen noch Tiere. Eher schon beides, aber eigentlich weder noch. Nach heutiger Kenntnis sind Pilze näher an Tieren dran. Vegetarier dürfen ohne schlechtes Gewissen zulangen. Schwammerln bilden ein eigenständiges Reich.

Pilze zu kaufen ist erlaubt. Pilze, wohlgemerkt. Schwammerln: Nein! Die findet man. Wie? Indem man sie *nicht* sucht. Allzu oft nämlich stellt sich der mitgebrachte Korb als Knofel, als schlechtes Omen, heraus. Süchtige sind abergläubisch, verschlagen und eigenbrötlerisch. Man erkennt sie daran, dass sie über moosige Nadelböden schleichen, als gehörten sie einer anderen Welt an. Bloß nicht aufschauen, seinesgleichen könnte hinter Büschen lauern und man wäre entdeckt, auf Pirsch zu sein. Denn das sind Pros immer. Sie betrachten den Wald als ihr Eigentum, scannen den Boden und schnüffeln an Sporen. Pilzler sind immer und überall im Dienst. Profanes Spazierengehen ist nicht.

Heutzutage ist die tägliche Beute gesetzlich reglementiert: Nicht mehr als zwei Kilo pro Korb und Nase. Kaum

Wohin?

wärmen frühe Sommersonnenstrahlen den feuchten Boden und die ersten Sporaden schießen aus, fluten Professionelle mit Henkeltaschen bewaffnet die Wälder. Dabei
ist keineswegs gesagt, dass die Pfründe des Vorjahres mit
denen der neuen Saison übereinstimmen. Moospölster und
Baumstrünke sind wankelmütig. Die Wahrheit ist, es gibt
keine Regel. Finden ist Glücksache. Das macht das Sammeln menschlich.
Meine Großmutter galt als eine der größten Schwammerlgöttinnen ihrer Zeit. Eine Antithese zu ihrem Körpermaß,
überragte sie doch all die Wiesenchampignons, Pilzlinge

und Täublinge nur unwesentlich. War sie müde vom vielen Klauben, legte sie sich in den Schatten eines großrädrigen Parasols und träumte unter dessen Schirm von vollen Körben. Das Finden war ihr aufgrund ihrer geringen Wuchses in den Korb gelegt. Im Gegensatz zu mir. Da sie alles sah, sah ich nichts. Mein innerer Pilz-Kompass verhielt sich reziprok zu dem ihren, der, je kleiner sie im Alter wurde, desto präziser arbeitete – bis sie es zu größtmöglicher Trefferquote brachte und ich mich eines Tages frustriert, weil erfolglos, aus der Branche zurückzog. Nie mehr wieder wollte ich mit leerem Körbchen unter die Augen meiner Mutter treten. Die Phobie war perfekt.

Erst vor Kurzem packte mich die alte Leidenschaft von Neuem. Die Königin hat längst ihr Reich verlassen, der Thron war verwaist. Die Folge war, dass über die Jahre aus einem chronisch Erfolglosen ein passioniertes Schwammerl-Ass heranreifte. Was war geschehen? Mangels Erfolgszwangs gewann ich an Selbstvertrauen, trotzdem oder gerade weil sich eine *neue* Monarchin an meine Seite schmiegte, und ich fand und fand und fand. So einfach kann's gehen: Der Glaube an den Schwamm versetzt Bäume. Seither schleiche auch ich durch Wald und Flur, mit seligem Lächeln und *keinem* Körbchen in der Hand (bloß nicht!), „übersehe" geflissentlich verschreckte Pilzlein wie aus dem Unterholz auftauchende Kollegen. Ich tue einfach so, als ob mich das alles nichts anginge, spaziere hochnäsig über Moose und Farne. Später, nach erfolgreichem (feindlichen) Abzug, sammle ich auf Teufel komm raus, verscharre das Beutegut im weichen Erdreich und schleiche nach Einbruch der Dunkelheit zum Tatort zurück, um meinen Schatz in Sicherheit zu bringen. So macht's das Eichhorn. So macht's der Profi. So mache ich's.

Kärnten ist eines meiner bevorzugten Raubzuggebiete. Ich werde den Teufel tun und mein Planquadrat preisgeben. Nur so viel sei gesagt: Die Wälder rund um die Emberger Alm geben was her. Mein besonderes Highlight: Nach erfolgreicher Tour bei der nächsten Hütte einkehren und sich von der Wirtin eine fangfrische Mahlzeit zubereiten lassen. Schwammerlesser putzen in der Wirtsstube, dass die Sporen fliegen, und überlassen den Überhang der Köchin als Maut. Beilagen nebst magenschließender Stamperl-Runde werden selbstredend bezahlt. Wenn dann die Eisenpfanne auf dem Tisch steht, randvoll mit den köstlichsten Pilzen und Schwammerln (daneben liegt ein tüchtiger Kanten Schwarzbrot), ist die Welt nicht nur heil – sie ist in Ordnung. Mehr, liebe Freunde, geht wirklich nicht!

Tirol

Die Langsamkeit des Reisens

Gedanken über Tirol

Als Hannibal über die Alpen zog, war der Legende nach seine erste Station einer der prächtigen Tiroler Hochseen, mit denen das Bundesland auch heute noch im Übermaß gesegnet ist. Die Kompanie Kriegselefanten hatte Durst. Am Ufer des kristallklaren grünen Wassers waren sie nicht mehr zu halten. Hunderte Hochtiere stürzten sich ins erlösende Nass und tranken den See mit einem Mal leer. Übrig blieb eine Lacke als Labsal für das Fußvolk der Herren Krieger. Wahrscheinlich stürzten sich die großen Tiere in jeden der Seen, die ihnen im Wege lagen. Eine Vielzahl davon gibt es auch heute noch – auf jeder zweiten Hochalm. Vom kleinen Berglsteinersee bis zum großen, zum Touristenhotspot aufgebrezelten Achensee.

Überhaupt spielt die Tiroler Bergwelt alle Stückln. Kein Pass, der unbefahren, kein Gipfel, der unbestiegen, keine Berghütte, die unbesucht bleibt. Man hat den Eindruck, dass die Tiroler die Geister, die sie riefen, so bald nicht mehr loswerden. Was allein der Arlberg auf tirolerischer Seite an Freizeitanlagen ertragen muss, geht auf keine Grauviehhaut mehr. Nennt man es Ausverkauf, Bergweltvergewaltigung oder Almunterwerfung? Wer mag es den Tirolern missgönnen, die Schönheit ihrer Heimat zu Gold zu machen? Ob vielleicht manchmal weniger mehr wäre, mögen sie selbst beurteilen.

Der Durchreisende staunt über die Fülle an Freizeit- und Fun-Parks. Natürlich ist es Jammern auf hohem Niveau, denn eine schönere Landschaft als die im heiligen Land ist nicht denkbar.

Jäh aufragende Gipfel, liebliche Talwiesen, betörend schöne Almen – wo gibt es diese Fülle an Naturwundern, wenn nicht im Paradesehnsuchtsland des Flachländers. Allein der Name Tirol verursacht Pawlow'sche Reflexe: Man will hin. Und ist man dort, will man hinauf. Und ist man oben, will man hinunter. Und so setzt ein immerwährender Kreislauf zwischen Hoffen und Genießen ein, der zwar gut ist für Rendite, aber schlecht für die Nachhaltigkeit der Umwelt.

„Nur wo du zu Fuß warst, bist du auch wirklich gewesen." Goethe hat es gewusst. Er hatte leicht reden, denn seine Reisen in den Süden legte er vorzugsweise in der Postkutsche zurück. Das tirolerische Gerumpel muss wohl in der Scharnitzer Gegend begonnen haben, kurz nach Überquerung des bayerisch-tirolerischen Grenzsteins, und dauerte bis an die Gestade des für seine Schönheit damals schon gepriesenen Gardasees, wohin das Tirolerland damals noch reichte. Die Strecke maß ganze fünf Tage und fünf Nächte. Obwohl Touristen des späten 18. Jahrhunderts vielleicht mit strapazierfähigerem Sitzfleisch ausgestattet waren als heutige, die Anstrengung, der sich der knapp vierzigjährige Geheime Rat aussetzte, war enorm. Vielleicht hat ihn ja die Arbeit an seiner *Iphigenie* von den Mühen unbefestigter Straßen abgelenkt, vielleicht auch das Beobachten seltener Wetterphänomene oder das Sammeln von Mineralien, obwohl er sich doch geschworen hatte „... auf dieser Reise nicht Steine mitzuschleppen". Die Hetzjagd durch das gebenedeite Land beschrieb Goethe 1786 anlässlich seiner ersten Durchreise so: „So leid es mir tat, diese interessanten Gegenden mit der entsetzlichen Schnelle (die Postillone fuhren daß einem oft Hören und Sehen verging) und bei Nacht wie der Schuhu zu durchreisen; so freute mich's doch, daß wie ein Wind hinter mir her blies und mich meinen Wünschen zujagte! Ich flog über das Tyroler Gebirg gleichsam hinweg ..."

Seine Reisebegleiter waren Licht und Farben der Tiroler Bergwelt, die ihn wohl zu seiner später entstandenen *Farbenlehre* inspiriert haben. Das Wissen über die Eindrücke, die er während seiner Reisen von Weimar ins paradiesische Italien gesammelt hat, verdanken wir dem verstohlenen Blick über des Universalgenies Schultern.

Das auch damals touristisch strapazierte Tirol faszinierte eben zu allen Zeiten. „Nix als Gegend", würde Qualtingers legendäres Pendant Travnicek das betörende Land der Berge beschreiben. Zweifellos ist es die ungebrochene Schönheit der Natur, die im Winter wie im Sommer gleichermaßen begeistert – und das Erkunden der Bergwelt mit den eigenen Füßen. Wandern ist kinderleicht. Man geht einfach drauflos. Nicht das Logo am Schuh entscheidet, sondern Lust und Wille, die Natur zu genießen. Es ist die innere Stimme, die den Wanderer leitet. Es heißt offen sein für Geräusche und Gerüche, für all die Geschenke, die am Waldesrand bereitstehen: Pilze, Beeren, Früchte. Unsere alltagsverkümmerten Sinne werden mit mannigfaltigen Eindrücken aufgeladen. Wie genussvoll erscheinen doch all die Mühen und Anstrengungen. Die Wege, die an ureigene Grenzen stoßen, bringen uns dem Erlebnis „Freiheit" näher. Wer sich Zeit nimmt, die Welt zu erwandern, wird Dinge entdecken, die nicht einmal der ehrwürdige Goethe mit Worten zu beschreiben vermochte: Die Vielfalt an Wegen und Aussichten, die Schönheit der Natur vermag nur der zu genießen, der in der Langsamkeit des Reisens ihre Makellosigkeit entdeckt.

Die Dogglkünstler

**Hartls Zillertaler Doggln, Dorf 20,
6275 Stumm im Zillertal**

„Doggl": dummer Typ, beschränkt, dodlhaft, rückständig, blöd, an'ditscht, blamabel, stupid, doof, unterbelichtet. A Depp eben. Und zu so einem fahre ich – nicht. Im Gegenteil. Ich bin zu einem Mann unterwegs, der in vierter Generation Doggln macht. Zu Hause ist er im tiefen Zillertal, dort, wo die Berge bei den Fenstern hereinwachsen, wo Mädls jodeln und Burschen juchzen, wo die Omama Begonien gießt, die Mutter Butter schlägt und der Altvater das Kruzifix geraderichtet.

Ich parke hinter dem Haus, ganz wie sich's gehört, und ein Dutzend Hartl'scher Ellenbogen zeigen in meine Richtung: Der Gruß hat sich in unseren Zeiten durchgesetzt. Hier, im hintersten Tal, will man nichts riskieren. Corona lässt grüßen. Ein veritables Familienbouquet: Herr und Frau Hartl samt Schwiegermutter erwarten den Städter, der so gar nichts über Doggln weiß, aber alles darüber erfahren will. Der Verkaufsraum ist hell und freundlich, an der Wand hängen ein paar Fotos. Ich staune über die Kundschaft.

Die Dogglmacher vom Zillertal: Familie Hartl

Otto, der neunzigjährige Schenk, hängt da (wo hängt er nicht?). Vivian Westwood hat ihre Kollektion aufgefrischt (und die Frau weiß, was und mit wem sie's treibt), und sogar der Ratzinger Karl, Papst i. R., halten zu Gnaden, trägt sie.

Doggl heißt hierzulande: Schuh. Es gibt sie für drinnen und für draußen. Die Sohle macht den Unterschied. Die „Doofen" bestehen aus Filz, und ihre Herstellung gilt als aussterbendes Handwerk, genauer: Schuhwerk. Man kann sagen, dass die Hartls den Schuhen zu neuem Leben verholfen haben. Einst wurden die Patschen aus Filzabfällen geschustert. Die Bauern trugen sie bei Tag und Nacht, bei Hitze und Kälte und alle hatten sie eines gemeinsam: warme Füße. Das ist im strengen Klima Tirols gar nicht selbstverständlich.

Ich sitze in der Werkstatt und die Hartls machen sich an die Arbeit. Die zugeschnittenen Filzteile werden von der Dame des Hauses vernäht, während die Omama den „Papp" nach Geheimrezeptur mit einem groben Löffel im Weidling schlägt. Im Grunde ist es einfach: Roggenmehl und Wasser, nicht zu dick, nicht zu dünn. Damit wird der über einen Leisten gezogene Filz bestrichen, vollgepappt eben. Ich frage, ob

Der „Papp"

das auch als Brotteig im Ofen herhalten könnte. Frau Hartl blickt mich streng an, während die Großmutter verlegen zur Seite schaut und weiterpappt. Städter eben. Schicht um Schicht wird beteigt. Dann geht's ans Vernähen. In Windeseile ist das Ganze fertig.

„In drei Tag isch' trockchen."

Herr Hartl tritt auf den Plan, jetzt ist er dran. Von allen Seiten begutachtet er den Filzling, schürzt die Lippen, rollt die Augen und – grunzt. Die Schuhmacherei fließt ihm in den Adern. Die Arbeit am Leisten liegt in seinem Laden ausschließlich in Frauenhand. Immer schon. Ich staune und wackle vorsichtshalber ein bisschen mit dem Kopf. Das habe ich in Indien gelernt. Wenn ein Gespräch stillsteht, setzt am besten eine gleichförmig rhythmische Kopfbewegung ein. Das bringt Zeit, während der man seine Gedanken durcheinanderschüttelt, neu ordnet und wartet, wie und wohin sich das Gespräch entwickelt. Herr Hartl schweigt, die Damen schweigen und auch ich blicke stumm … in der Werkstatt rundherum.

„Der Sohn macht die Bestickchung."

Ich fahre hoch. Bin ich kurz eingenickt? Herr Hartl sieht mich unverwandt an. Ich staune, vorsichtshalber. Das soll ich auch.

„Und alles sonscht."

„Aha", sage ich und notiere das in mein Notizbüchlein. Die Hartls erheben sich und stehen vor mir wie eine Kompanie Erdmännchen. Wir wechseln den Raum. Von der Teigküche zur Besohlung. Schleifmaschinen stehen da, nebst einer Presse, in der die Oberteile an die passende Sohle gedrückt werden. Ab jetzt ist Männerarbeit angesagt, die Schuhe müssen halten. Ich frage, wie lange es braucht, um aus einem Stück Filz einen Schuh zu basteln.

„Ein Leben lang", kommt es prompt zurück. Die jungen Hartls kichern, während die Omama verlegen zur Seite schaut. Scherz.

„Sechs Stunden, Pressen und Trocknen nicht mitgerechnet."

Vorne im Verkaufsraum stehen sie in Reih und Glied: „Offene", „Geschlossene" und „Halbhohe". Doggln sind der Renner. Zu Anfang konnte man den Run auf Regionales noch nicht abschätzen, Nachhaltigkeit war noch nicht „in" und „Bio" und „Öko" noch nicht durch. Die Hartls aber haben alles auf eine Karte gesetzt. Von vormals etlichen Schuhmacher- und Schuhfachbetrieben in Stumm (im Zillertal) blieb allein ihr Familienbetrieb übrig. Man hat sich durch Filz und Teig gebissen und es hat sich gelohnt. Die Doggln sind in aller Munde. Und auf jedem Fuß. Was in dem Fall noch wichtiger ist.

Ich verlasse die Hartls mit einem auf meinen Fuß gegossenen Filzler-Paar. Mein erstes. Und dabei bin ich weder neunzig noch Modeschöpfer. Und schon gar nicht Papst. Ich liebe einfach Regionales, schätze Nachhaltigkeit und „Bio" und „Öko" und all das Zeug. Vor allem aber bin ich ab heute aktives Mitglied und Botschafter der Doggl-Partei.

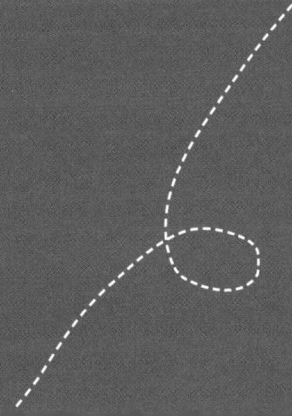

Tirol-TIPPS

Stadt besuchen → Innsbruck

Spuren suchen

Auf den Spuren der heiligen Notburga: Erste Gewerkschafterin und Schutzheilige von Sicheln und Dienstmägden. Notburga-Museum, Ebener Straße 98, 6212 Eben am Achensee

Auf den Spuren des Holzes: Ein Museum gesteckt voll mit Holz und Witz – und einem Original von Besitzer. 1. Tiroler Holzmuseum, Auffach-Dorf 148/1, 6313 Wildschönau

Essen essen

Restaurant Fischerstube: Hier springen die frischen Fische in die Pfanne. Bestes aus dem Reintalersee! Moosen 1, 6233 Kramsach

Im ganzen Land: Brot-, Kaspressknödel-, Graukas- ... ein Land für Suppenkasperln! In jeder beliebigen Kuchl und Wirtsstub'n.

Die Hungerburgbahn: Liebhaber stylischer Architektur kommen hier auf ihre Rechnung: Zaha Hadid at her best. Höhenstraße 151, 6020 Innsbruck

Die schwarzen Mander: Hofkirche und Silberne Kapelle gesteckt voll mit Kunst: Geschichte griffbereit ... Universitätsstraße 2, 6020 Innsbruck

Schloss Ambras: Ein Schloss, gewidmet der „Kleinen mit dem Engelsgesicht", Philippine Welser. Gebaut aus Liebe ... Schlossstraße 20, 6020 Innsbruck

Die Welt des wohlgeordneten Seins

Hannes Ainberger, Schiachen-Schnitzer, Zimmermoos 9, 6230 Brixlegg

Der Hof liegt tief drinnen im Zimmermooser Tal, dort, wo sich Füchse und Dachse Gute Nacht sagen, gemeinsam auf Hasen warten und sich begehrlich dem Hühnervolk nähern. Kurve um Kurve klettert man aufwärts, vorbei an einsamen Gehöften und macht halt bei einem schönen, denkmalgeschützten Bauernhaus aus dem 16. Jahrhundert, dem Hechahof, in dem der viergehörnte Ziegenbock in der Rauchkuchl steht, der Speck überm Herd neben den geschwärzten Eisenpfannen hängt und der Wirt den Schnaps aus der gelben Enzianwurz brennt. Eine Jausenstation wie aus dem Heimatmuseum, betrieben vom Kirchmaier Konrad, einem Original, auf Du und Du mit den Weltberühmtheiten Tirols, von Moretti bis Schröcksnadel. Wer Unterland pur erleben will, der kehre hier ein, am Weg zur Holzalm, einem weitläufigen Almengebiet im Gepäcksnetz von Brixlegg. Ein paar hundert Meter höher, im Hausbergerhof, will ich Quartier

Der Hannes und sein Alter Ego

nehmen. Die Stille der Berge hier ist ohrenbetäubend. Wer dem Äsen der Rehe, dem Graben der Maulwürfe und dem Blätterraschschen der Blindschleichen lauschen will, dem sei die Gegend anempfohlen.

„Hascht mein Sohn scho g'sehn?"

Nein, habe ich nicht. Söhne aber sind es wert, beachtet zu werden, zumal als Lebensversicherung. Weshalb ich dem Spross der aufmerksamen Hausberger-Bäuerin Aufmerksamkeit schenken soll, erschließt sich mir nicht sofort. Am nächsten Tag dann die Zusammenführung.

„Ich bin da Sohn."

Ein Lulatsch blickt sanftmütig zu mir herunter und wir nehmen am Küchentisch Platz. Ich zücke mein Notizbuch.

„Das isch da Hannes." Die Wirtin steht in der Türe.

„Ja", sage ich und blicke von Mutter zu Sohn und wieder retour.

„Frag ihn scho!"

„Was?", erwidere ich. Worauf der Hannes-Sohn schüchtern die Bodendielen zu zählen beginnt und die Helga-Mutter sich in die Küche zurückzieht. Das ist der Startschuss zu einem der eigenartigsten Gespräche, die ich je führte.

„I bin für die Schiachen do", sagt der junge Hausberger und blickt mich ruhig an. „Je schiacher deschto besser.

Im Frühjoahr fang i scho an. Im Herbscht bin i dann fertikch." Er steht auf, rammt beinahe den Kopf in die niedrige Zimmerdecke und verlässt den Raum. Draußen am Gang brennt schwaches Licht, seine Schritte verlieren sich in der Dunkelheit. Ich folge ihm. Mehr nach Instinkt denn Gehör. Wieder diese Stille.

An der nächsten Ecke laufe ich beinahe auf ihn auf. Ich möge nicht erschrecken, flüstert er. Eigentlich hat er ja das Schlosserhandwerk gelernt, sagt er, aber eben auch ... „Wos anderes." Fünf „Stückch" sind es im gesamten Tiroler Unterland. Er ist einer davon. Am Ende des Flures öffnet sich eine Türe. Hannes berührt mich an der Schulter. Ich erschrecke.

„Oba!"

Ich gehe voraus. Die Stufen fallen beinahe senkrecht ab. Modriger Geruch.

„Du muascht dich anhalten, sonscht fallst!" Hannes hält mich vorsichtshalber am Schlafittl. Ich taste nach dem Geländer. Gibt's nicht, also sauge ich mich an der Wand fest wie ein Gecko. Fahles Licht. Eine Fratze starrt mich an. Daneben eine andere. Ich pralle zurück. Hannes schiebt sich an mir vorbei. „Schöne Sochen san net meins, muascht wissen", raunt er. Sein Atem stellt mir die Nackenhaare auf. Keine Ahnung weshalb.

Der Raum ist doppelt so groß wie die Fahrerkabine der Zillertalerbahn, aber nur halb so lustig. Ich bin an Hässliches gewöhnt, ich habe ein Leben lang am Theater und beim Film gearbeitet, aber dies hier! Wer je ein Löffelchen Hölle schmecken will, möge sich ins Hausberger'sche Labor hinunterwagen. Ich bin an jenem Ort, der geradewegs zum Erdkern führt. Die Enge des Raumes peinigt meine verfluchte Seele. Weiter hinten, dort wo ein schwacher Lichtschein die Finsternis durchtrennt, liegen die Unfertigen. Mich fröstelt. Hannes steht mit einem Messer hinter mir. Die gebogene Klinge ist rasiermesserscharf, mit ihr schneidet er ins weiche Holz eines Schädels. Er ist an einem Pflock festgebunden. Ich weiche zurück. Sein Messer durchdringt das Zirbenholz, als wäre es Margarine.

Hannes schnitzt hier jene grausigen Perchten, die während der Raunächte von Hof zu Hof ziehen: Untote mit denkbar grässlichen Fratzen und Kostümen aus Kukuruzschalen.

„Sie vertreiben das Böse: A schlecht's Wetter, Wosserknappheit, koa Futter net. Alles, wos uns plogt halt."

Ich nicke und stoße beinahe mit einem Monster zusammen, zwischen dessen Zähnen gerade ein Huhn verschwindet.

„Mit die Händ' holten s' Blechkanischter, auf die schlogn s' drauf. Damit ma s' recht weit hört!" Hannes rammt das Messer in den Hals eines Werwolfs. „Zwanzig G'sichter moch i pro Joahr. Aber net hauptberuflich, sunst mocht's jo kan Spaß. Für heuer muass i no a poar Krampusse moch'n." Die Teufel rennen als Nikolo-Begleitung durch die Straßen um den Kindern Angst zu machen. „A bissl muass ma s' scho schrekchen, damit s' brav san. So isch des bei uns."

Der Raum beginnt mir tatsächlich Angst zu machen. „Die Leut' sog'n ma wos' woll'n und i mochs. Kann net schiach gnua sein. Runzeln, Augen, Mund, Zahn't, olles. Mei' Arbeit is des Schiache!" Der Hannes blickt mich mit Plüschaugen an. Unschuldiger kann ein Blick nicht sein.

Ich denke, es ist ein Rätsel um die menschliche Natur.

Immerwährend ist man versucht, hinter dem Faszinosum des Unbekannten Abgründe zu vermuten. Später dann, wenn die Maske fällt, erscheint uns die Wirklichkeit banal. Hinter der sanftmütigen Freundlichkeit des Ainbergerischen Sohnes erschließt sich eine grausame Welt, die harmloser ist, als sie zu sein vorgibt. Die Wahrheit nämlich verbirgt sich gerne in den Talfurchen unserer Fantasie, die oft genug prächtige Knospen erblühen lässt, weil sie nicht nur kein Geheimnis beinhaltet,

Der Hendlfresser

sondern sich gar als nichts anderes erweist als die simplifizierte Welt wohlgeordneten Seins.

Ich bleibe zurück im Reich der Abscheulichkeiten. Der Hannes ist längst wieder hinaufgestiegen in die obere Welt. Lange verharre ich im Anblick des scheinbar Bösen, lösche endlich das Licht und folge der steilen Treppe aufwärts. Nachdenklich. Wie meistens.

Am Ende der Welt

Alpinarium Galtür, Hauptstraße 29c, 6563 Galtür

Ich befinde mich inmitten von Gletschern, Spiegelungen, Eishöhlen, umrahmt von fallenden Steinen, Wind und Sturmböen, begleitet von Flötenklängen und alten Fotos, zwischen Berghöhen, Steinsplittern und dokumentarischen Filmaufnahmen, werde erinnert an den Mut der Bergsteiger, an die Verzweiflung der Hinterbliebenen, an die unendliche Mühe der Bewohner des Bergdorfes, die Bilder jenes Tages im Februar 1999 zu ordnen, an ihren Überlebenswillen. Aber was bleibt ihnen schon übrig? Überall die vorübereilenden Schatten der Besucher jenes seltsamen Gedächtnisortes. In diesem Biwag des Überlebens, in dem Gedanken vor- und zurückfliegen, lese ich Worte des großen Hemingway, sehe Wochenschaubilder der Katastrophe, erlebe weinende Männer, Verzweiflung, Schrecken, Hinterbliebene. Niemand konnte es vorhersehen, keiner hat es für möglich gehalten. Dieser Ort hat alles Leid erfahren, hat die Kraft und die Unbarmherzigkeit der Natur kennengelernt, vor allem die des Weiterlebens. Dem Mut und der Angst, der Tapferkeit und der Ohnmacht der Galtürer ist dieser Ort gewidmet.

Ich sitze inmitten all der Verzweiflung und begreife Leid und Hoffnung auf eine sehr einfache Weise. Der Fantasie einiger weniger ist es zu danken, dass ich Teil der Bergwelt sein darf, in der Überleben alles andere als selbstverständlich ist.

Ich sitze in dem Museum, das sie dorthin gebaut haben, wo die Lawine halb Galtür unter sich begrub. Sie haben einen Schutzwall errichtet, der den Ort des Gedenkens umschließt. Ich versuche meine Eindrücke niederzuschreiben. Von hier aus blickt man „von oben" auf die Welt. Auf Menschen, die Angehörige verloren. Auf Menschen, die mit dem Unfassbaren leben müssen. Auf Menschen, die mit dem Tod konfrontiert sind. Ist Galtür das Ende der Welt? Oder deren Beginn? Deren Mitte? Hier kreisen die Gedanken um existenzielle Dinge.

Von der Dachterrasse aus begreift man die Dimension des Schreckens. Man blickt hinauf auf den Berg, von wo aus der Weiße Tod kam. Die Lawine, etwa vierhundert Meter breit, ging am 23. Februar 1999 gegen sechzehn Uhr nördlich der Ortsmitte ab, unterhalb des Grates zwischen Grieskopf und Grieskogel in einer Höhe von zweitausendsiebenhundert Metern. Die Hangneigung dort ist extrem steil, wir sprechen von unglaublichen hundertfünfundzwanzig Prozent. Die Lawine teilte sich in mehrere „Arme", zerstörte Häuser und verschüttete Menschen. Mehr als fünfzig waren es.

Das Museum hat weder Beginn noch Ende. Besucher gehen an Lichtschlangen entlang und finden ihren eigenen Weg. Die Berge bahnten sich in Jahrmillionen den ihren, sie

Topografie des Schneefalls

wurden Lebens- und Siedlungsraum. Den Menschen wurden sie zur Heimat. Immer wieder spielen Zeichen und Formen mit den Räumen und eröffnen wechselnde Perspektiven. Der Besucher versucht sich zu orientieren, ist verwirrt und staunt und erliegt schließlich den sinnlichen Eindrücken. Licht, Ton, Spiegel und Prismen gehen ineinander über. Das Oben. Das Unten. So wie die Berge, deren Wasser, Eis und Schnee. Sehnsucht, Träume, Hoffnung. Der Ruf der Steiger hallt von den Wänden. Erfüllung und Abenteuer suchten sie, die tollkühnen jungen Männer. Oft genug fanden sie den Tod. Ihre Angehörigen mussten überleben, fortleben. Galtür wurde zum Mittelpunkt des Rufes „Hinauf auf den Berg!". Viele kamen. Viele gingen. Viele blieben für immer dort oben. Und mit ihnen: ihre Träume. Auch unsere.

Im Alpinarium ist man zu Gast in einer abgeschiedenen Welt. Die Menschen von Galtür, sie leben mit der Gefahr. Die Künstler, die diese Räume schufen, ließen sich ein auf Einsamkeit und Verzweiflung. Auf Schönheit. Auch auf sie. Sie allein gibt Hoffnung.

Danke, euch Tapferen, Überlebenden! Danke euch, die ihr mit eurem Leben dafür bezahlt habt, dass wir aus der Katastrophe lernen dürfen. Nur so ist Überleben möglich. Weiterleben.

Wem gehört der Glockner?

Die Kalser Glocknerstraße, Kals am Glockner, Bezirk Lienz

Es gibt viele Möglichkeiten, den höchsten Berg Österreichs zu erklimmen. Zum Beispiel per Motorkraft. Zu Fuß läuft's schon auch, dafür muss man aber brav trainieren. Mit dem Rad hinaufzutreten, ist ebenfalls nicht verboten. Unvergessen die zahlreichen TV-Übertragungen vom Großereignis, der Glockner-Etappe. Wie oft bin ich mit offenem Mund vor dem Schirm gesessen, pfahldünne Muskelmänner bewundernd, die die Königsetappe der Radrundfahrt hinaufstrampelten, als wär's nix. Was für eine Anstrengung! Und dann, kaum angekommen am Dach der Ösi-Welt, schlüpfte das rote (Gesamtführender), grüne (Führender der Punktewertung) oder rot-weiß getupfte Trikot (Führender der Bergwertung) in wärmende Schutzkleidung und sie stachen wie die Habichte im Sturzflug auf der anderen Seite des Berges wieder talwärts, was mir mindestens ebenso viel Respekt abnötigte.

Der Großglockner misst stolze 3798 Meter. Die markante Spitze ist Teil der Glocknergruppe, einer schroffen Gipfelformation im mittleren Teil der Hohen Tauern. Seit der Erstbesteigung 1800 durch vier Expeditionsteilnehmer unter der Leitung von Fürstbischof Salm-Reifferscheidt-Krautheim gilt der Berg, speziell dessen Gipfel, als das Nonplusultra hiesiger Bergfexe und als wesentlich für die Entwicklung des hiesigen Alpinismus. Bis heute ist er ein Publikumsmagnet ersten Ranges und von größter Bedeutung für den regionalen Fremdenverkehr. Mehr als fünftausend Gipfelstürme pro Jahr stellen einen einmaligen Rekord dar. Kals (in Tirol), Heiligenblut (in Kärnten) und der gesamte Raum rund um das Bergmassiv haben sich längst zu einem veritablen Wirtschaftsfaktor gemausert. Seit den Erstbesteigungen unserer Urururopas ist der Bergtourismus explodiert.

Ich nähere mich dem König der Berge auf tirolerischem Terrain. Da ich spät dran bin, liegen die Vorboten der Dämmerung über dem Tal: Nebelschwaden. Es fühlt sich nach Regen an. Der Tag war wolkenverhangen. Das Abendgewitter wird das Land auch heute wieder mit all seiner Kraft erschaudern lassen. Bizarre Wolkenfetzen legen sich wie ein rauer Kotzen über die Berge. Der Blick auf das Wahrzeichen Österreichs ist die landschaftliche Hauptattraktion der Kalser Glocknerstraße.

Kehre um Kehre schraube ich mich aufwärts – mit jeder nimmt meine Hoffnung ab, des Königs Krone zu erblicken. Düster erscheint der Berg, unheildrohend. Je näher ich komme, desto weiter entferne ich mich von meinem Ziel. Nebel kriecht die schroffen Grate entlang. Ich achte kaum noch auf die Straße, so faszinierend ist das Naturschauspiel, das sich mir bietet. Ich fahre geradewegs auf ihn zu. Mein Herz klopft wie wild. Dort, hinter den dichten Schwaden, hält er sich verborgen. Der „Schwarze Berg" nimmt mich gefangen.

Abstieg ins Tal

Die Bezeichnung geht angeblich auf einen dunklen Kristall zurück, der seit Jahrtausenden in seinem Inneren ruht. Dramatische Felsstürze falten sich vor mir auf, Wasserfälle, zu Eis erstarrt, Wände, die senkrecht in den Himmel ragen und sich irgendwo in den dichten Wolken aufzulösen scheinen. Der Nationalpark Hohe Tauern heißt mich willkommen. Er reicht von hier bis weit hinüber nach Kärnten und Salzburg.

Beim Lucknerhaus, auf tausendneunhundert Metern Höhe, stelle ich den Motor ab. Kaum Fahrzeuge. Ich bin spät dran. Die Fexe hocken längst schon in den Stuben und löffeln ihre Pressknödelsuppen. Oder den traditionellen Kaiserschmarrn. Apropos: Der Kaiser war natürlich auch hier. Wo nicht? Damals, im Jahre 1856, machte der alpinbegeisterte Monarch mit seiner Sisi dem Glockner seine hochwohllöbliche Aufwartung – von Heiligenblut aus, im Rahmen einer vielstündigen Wanderung bis hinauf zur Pasterze, an den Rand des Gletschers. Seither darf der Boden unter den Bergschuhen hier für ewige Zeiten den Namen Kaiser-Franz-Josefs-Höhe tragen. Den wahrhaft kaiserlichen Aussichtspunkt kann heutzutage jeder bequem erreichen. Ob mit Bus oder Rad, zu Fuß oder per Automobil. Nur sehen tut man den Kerl von hier aus nicht immer. Glücksache.

Der Glockner zeigt sich ...
von Kärntner Seite

Eine wilde Pfeiferei hebt an. Murmeltiere stöbern den späten Besucher auf und warnen ihre Artgenossen, die neugierig die Nasen aus den Höhlen strecken, um sie im nächsten Moment wieder in den Erdlöchern zu verbergen.

Schautafeln nebst einem kleinen Museum geben Auskunft über den unsichtbaren Giganten. Und plötzlich stoße ich auf eine der Kuriositäten, die dem Neuling oft genug zupasskommen und Bestauntes in schräges Licht tauchen. Die Frage nämlich, wes Eigentum der Glockner denn nun eigentlich ist. Nach wie vor bewegt dies die hiesigen Gemüter. Recht gehört! Wem der Glockner „gehört". Ist der Gipfel nun Kärntner oder Tiroler – oder gar in privater Hand?

So abwegig ist die Frage nicht. Der Berg ist ein Grenzfall. Geografisch nämlich gehört der Gipfel zu beiden Bundesländern. Und rechtlich? Da liegt er in privater Hand, ob man es glaubt oder nicht – sowohl in der des ÖAK, wie auch in der des OEAV. Über Jahrzehnte vermeinte sich der Österreichische Alpenverein (OEAV) im Besitz der Glocknerspitze, sehr zu Recht, „gehört" doch die Kärntner Gipfelseite tatsächlich dem mitgliederreichsten Bergsteiger-Klub Österreichs. Doch just an dieser Stelle befindet sich ein so tiefer Abbruch, dass kein Fuß das Terrain zu betreten vermag. Die

Stelle aber, an der der Österreichische Alpenklub (ÖAK) am 2. Oktober 1880 anlässlich der Silberhochzeit des Kaiserpaars das ehrwürdige Gipfelkreuz errichtete, reklamiert der illustre, aber kleinere Kreis von Alpinisten bis heute als seinen „Besitz". Auch zu Recht. Der Steinbrocken misst zwar nicht mehr als ein paar Quadratmeter, dennoch, wo einer als Erster war, malt der auch zuerst. Oder stellt ein Kreuz auf. Und so kommt es, dass der Berg nicht nur einem, sondern gar zweien gehört. Eine österreichische Seltsamkeit. Verbirgt der Gipfel deshalb schamvoll sein Haupt vor mir?

Einige Tage später nähere ich mich dem Berg von Kärntner Seite her – und erlebe ihn strahlend und bar jeder Wolke. Ein Zeichen? Wohl kaum. Eher eine Laune der Natur. Und die ist allemal eher zu akzeptieren als krause Rechthabereien – die der Laune mancher Eulenspiegelei geschuldet zu sein scheinen.

Tirol-TIPPS

Natur suchen

Achensee/Reintalersee/Berglsteinersee: Die schönsten Hochseen Tirols – Landschaft, Wandern, Baden. Für Muße-Hungrige!

Mountain Cart Muttereralm: Auf zwei Beinen rauf auf die Alm, auf vier Rädern runter den Berg. Ungetrübtes Vergnügen. Für Wage-Mutige! Nockhofweg 40, 6162 Mutters

Innergschlöss: Auf den Spuren Gottes – vom Matreier Tauernhaus vorbei am Außergschlöss und der Felsenkapelle bis zum Großvenediger. Für Wander-Vögel!

Der Hofer war's

**Museum Tirol Panorama, Bergisel 1–2,
6020 Innsbruck**

Hoch über Innsbruck, am Bergisel, thront das schöne Museum, das an einen der großen Söhne des Landes erinnert. Im Schatten der Landeshauptmänner, deren Status hierzulande ein gottähnlicher ist, ist er in der Geschichte Tirols der wohl populärste, wenn nicht gar der wichtigste Mann. Geboren in Passeier, einem Gebirgstal nördlich von Meran, war er früh schon „Am Sand". Sein Vater war Wirt des gleichnamigen Gasthofes. Der junge Bursch wollte nicht, was er sollte – in Vaters Fußstapfen treten. Pferde und Wein bedeuteten ihm mehr. Also machte er seine Hobbys zum Beruf und handelte mit beidem. Nicht lange. Denn seine wahre Bestimmung hieß: Nationalheld. Das aber kann man nicht werden, das muss man sein. Der Hofer war's.

Seit 1805/06 stand Tirol unter bayerischem Protektorat. Humorlos setzten die neuen Machthaber in ihrer jüngsten Provinz eine Reihe von Reformen durch, wobei vor allem die Missachtung der jahrhundertealten Tiroler Wehrverfassung, die Wiedereinführung der josephinischen Kirchenreform (Protestanten und Juden durften ihren Glauben ungehindert ausüben) und diverse Eingriffe in das religiöse Leben für Unmut in konservativ-kirchlichen Kreisen sorgten. An den Wirtshaustischen rumorte es. Die Stunde des Südtiroler Pferdehändlers Andreas Hofer war gekommen, er wurde zum Anführer eines bewaffneten Aufstandes, der am 9. April 1809 losbrach. Auslöser war der Versuch der bayerischen Besatzer, junge Tiroler für ihre Armee zwangszurekrutieren.

Das Museum Tirol Panorama

Der Freiheitskampf gegen die Fremdherrschaft zeigte bald auch ein anderes Gesicht: Reaktionäre, antiaufklärerische Züge begannen sich durchzusetzen, die Reihen der knarzenden Tiroler Hinter- und Vorderwäldler schlossen sich. So war Pater Joachim Haspinger, frommer Mitstreiter vom Geheimbund der „Tiroler Patrioten", einer der Wortführer gegen die von den Bayern eingeführte Pocken-Prävention, aus Sorge, dass gleichzeitig mit dem Serum „bayerisches Denken" in die Köpfe seiner Landsleute eingeimpft werden könnte. Die Volkstümelei der Rebellen zog noch weitere Blüten nach sich: Alle Bälle und Feste wurden untersagt, Hofer verbot den Wirten, ihre Schänken während der Gottesdienste offen zu halten, er erließ die Weisung, dass Tiroler Frauenzimmer „Brust und Armfleisch" mit g'scheiten, undurchsichtigen „Hadern" zu bedecken hatten. Es kam, wie es oft kommt. Bald schon gab es aufseiten der Nationalisten gewalttätige Ausschreitungen gegenüber der jüdischen Bevölkerung Innsbrucks.

Am 12. April 1809 schlugen Andreas Hofer und der Eiferer Haspinger an der Spitze der Tiroler Streitkräfte die erste Schlacht am Bergisel. Zwei Tage später zogen die Rebellen in Innsbruck ein. Unmittelbar darauf gelang es den

Dem Freischärler Hofer
zum Gedenken

verbündeten bayerischen und französischen Truppen, Teile des Landes, darunter Innsbruck, zurückzuerobern, infolgedessen es Ende Mai zur zweiten Schlacht am Bergisel kam. Wieder wurden die feindlichen ausländischen Streitkräfte geschlagen, wieder zogen sie sich zurück – diesmal ins Unterinntal. Nun machten die Franzosen Ernst: Sie besetzten Tirol flächendeckend. Hofer und die Seinen riefen wenig später zum „Landsturm" auf: Fünfzehntausend Tiroler Schützen sahen sich ebenso vielen bayerischen, sächsischen und französischen Soldaten gegenüber: Es war die dritte Schlacht am Bergisel am 13. August 1809. Erneut blieb den Franzosen nichts anderes übrig, als den Rückzug anzutreten. Anfang November kam es zur vierten Schlacht auf dem Bergisel. Nach knapp zwei Stunden war das Gefecht für die Tiroler verloren. Weitere Scharmützel folgten, bei allen aber blieben die bayerisch-französischen Truppen siegreich. Hofer wurde für vogelfrei erklärt. Nach dem endgültigen Zusammenbruch der Freischärler tauchte deren Anführer gemeinsam mit seiner Familie in abgelegenen Südtiroler Gemeinden unter.

Am 28. Januar 1810 wurde der Nationalheld von napoleonischen Soldaten aufgespürt und gefangen genommen, der Tiroler Franz Raffl hatte ihn für fünfzehnhundert Silberlinge verraten. Zwei Wochen später setzte ein Erschießungskommando Hofers Leben ein Ende. Seine (angeblich) letzten Worte, nachdem ihn eine erste Salve nur verletzt hatte: „Franzosen! Ach, wie schießt ihr schlecht!" Der Tod war die Geburtsstunde seines unsterblichen Lebens als politischer Märtyrer.

Das sehenswerte Museum Tirol Panorama erinnert die Nachwelt an den geliebten, umstrittenen Rebellen. Zweihundert Jahre nach seinem Tod strömten anlässlich der Eröffnungsfeier sechseinhalbtausend Menschen in das architektonisch gelungene Haus. Das „Riesenrundgemälde" bekam einen würdigen Platz: Auf mehr als tausend Quadratmetern werden in Form eines kreisförmigen Kolossalbildes die Ereignisse der dritten Bergisel-Schlacht dargestellt. Eine plastische Fantasiewelt tut sich vor den staunenden Augen der Tiroler auf. Die Landeshymne endet (folgerichtig) mit den Worten:

> Und von der Hand die Binde, nimmt ihm der Korporal
> Und Sandwirt Hofer betet, allhier zum letzten Mal
> Dann ruft er: Nun, so trefft mich recht!
> Gebt Feuer! Ach, wie schießt ihr schlecht!
> Ade, mein Land Tirol
> Ade, mein Land Tirol!

Noch ein anderes Hofer-Lied aber setzte sich im musikalischen Gedächtnis des Landes fest. Seine letzten Zeilen lauten:

> Sagt die Hausmeisterin: Was is denn, meine Herr'n?
> Tan S' ma doch den Hausfrieden ned stören!
> Denn eines weiß ich ganz gewiss
> Dass die Leich
> Der Hofer is!

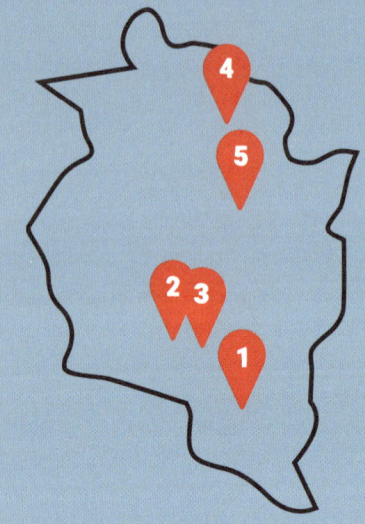

Vorarlberg

Im Land der Gsiberger

Gedanken über Vorarlberg

Nicht daheim und doch nicht zu Hause." „Die einzige Gemeinsamkeit ist die trennende Sprache." Ähnlich flapsige Aussagen ließen sich noch beliebig anführen. Aber weshalb? Kann man das Bundesland nicht so nehmen, wie es ist? Zumal es ein so prächtiges, ein so unendlich vielfältiges ist? Die vorarlbergerische Zunge ist verwandt mit der der Alemannen, nur mit dem Unterschied, dass sie anders ist. Bodensee-Alemannisch, Osthoch-Alemannisch sowie alle anderen höchst hochalemannischen Dialekte korrespondieren, wenn überhaupt, nur mit den benachbarten Mundarten Liechtensteins, der Ostschweiz und des Allgäus. Es gibt zahlreiche regionale Unterdialekte, das „Wälderische" zum Beispiel, das „Dornbirnerische" und das „Illtalerische". Verstehen tun sich die Bewohner unseres westlichsten Bundeslandes untereinander aber allemal.

Für die übrigen Österreicher ist die Sprache ein Match zwischen SG Unverständlich und Ratlos SV. *Hus* heißt Haus, *min* – mein und *Für* – Feuer. Dafür bedeutet: *bischt* – bist, *Mascht* – Mast und *Kaschten* – Kasten. Und, jetzt wird's heftig: *Häs* heißt Kleidung, *Gofa* – Kinder und *Schmelga* – Mädchen. Um dem Ganzen *äs Schappale* (das Käppchen) aufzusetzen, heißt *I han gha* – Ich habe gehabt, *I han gseah*

– Ich habe gesehen und *I bin gsi* – Ich bin gewesen. So sind sie, die *Gsiberger*. Und wir sind froh, dass sie so sind. Denn die Faszination eines Landes ergibt sich aus der Vielfältigkeit seiner Eigenarten, sie allein trägt zur Unverwechselbarkeit bei.

Zum Land „Vor-dem-Arlberg" (formuliert aus Sicht der „Ländler") gehört auch noch ein anderes Phänomen, das *Vorsäß* (im Bregenzerwald) oder *Maisäß* (im Montafon). Beides meint dasselbe: die geografische Zwischenstufe zwischen Tal- und Almbetrieb. Die Gsiberger betreiben eine Art Drei-Stufen-Wirtschaft: Im Tal, auf der Alm und auf der Hochalm. Die meisten Betriebe der Ebene sind nicht mit genügend großen Futterflächen ausgestattet, also ziehen die Bauern im Frühling mit ihrem kostbarsten Gut, dem Vieh, nebst *Ahna* (Oma), *Ähne* (Opa) und allem, was sonst noch dazugehört, aufs Vorsäß/Maisäß, eine über tausend Meter gelegene Ebene, um dort den klimatisch zeitversetzt sprießenden Grünwuchs zu nutzen. Nach dem Abweiden übersiedelt man noch eine Etage höher, auf die Hochalm. Im Gepäcknetz der Berge wird die Almwirtschaft gemeinschaftlich betrieben. *Schwenden* (Schutz der Wiesen vor dem Verholzen) und *Wuhren* (Regulierung der Wasserläufe) werden in Kompanie erledigt. Im Herbst zieht Tier und Mensch via Vorsäß/Maisäß wieder hinunter in Richtung Heimathof.

Längst hat die Tourismusbranche die Vorarlberger Almen zum Erholungsgebiet erklärt. Hochglanzprospekte machen aus ihnen Orte der Abgeschiedenheit, der Muße. Das kostbare, aber überaus arbeitsintensive Hochland mutiert zum kitschigen Refugium erholungssüchtiger Großstädter. Die Wald- und Weideflächen alpiner Kulturlandschaft werden als Naturparadies verkauft, die Hütten sind nicht nur mit emotionalen Werten belegt, sondern auch mit Touristenbetten. „Alm" gilt seit jeher als Synonym traditioneller Authentizität. Für Menschen, die ihrem stressdominierten Berufsleben für ein paar unbeschwerte Urlaubstage entfliehen wollen, bietet die Hochgebirgslandschaft Entspannung pur. In Wahrheit aber ist sie eine der Natur mit enormer Anstrengung abgetrotzte, überlebenswichtige Agrarfläche, allerdings weitgehend hinter dem Rücken gestresster Sommerfrischler. Urlaubsempathie gegenüber den Gastgebern findet hier eher nicht statt. Die Bergbauern müssen (auch) damit leben. Heute sind praktisch alle Almhütten als Feriendomizile umgerüstet. Die Welt des Profits macht auch vor dem Paradies nicht halt.

Wer kann's den Bergbauern verdenken, die damit ihr kärgliches Nebenerwerbsleben aufbessern? Ob dies aber zum Besten der unberührten Landschaft ist, darf bezweifelt werden. Wie immer, das Schwert hat zwei Schneiden. Einerseits dient die Drei-Stufen-Landwirtschaft dazu, größere Viehbestände zu halten, andererseits stört das Geschäft mit dem Tourismus die Abgeschiedenheit und Ruhe des Weideviehs. Die Almen werden zu Müllcontainern der Berge, denn nur die wenigsten haben Achtung und Respekt vor jahrtausendealter Kulturlandschaft.

„Zuagroaste" und „Dasige". Nirgends sonst als im schönen Vor-dem-Arlberg sind die Unterschiede zum Rest der Republik so groß – die Gemeinsamkeiten dafür aber umso übereinstimmender.

Der Montafoner Tisch

**Tischlerei Tschofen, Galgenul 96,
6791 St. Gallenkirch**

Von Galtür aus fahre ich über die eindrucksvolle Silvretta-Hochalpenstraße, an deren Dreiländerspitze Tirol, Vorarlberg und Graubünden aufeinandertreffen. Heute herrscht Weltuntergang. Der Hochnebel stößt an die niedrig hängende Wolkendecke. Im letzten Moment weiche ich Kühen aus, die auf dem schmalen Asphaltband liegen, ein paar nasse Frühstückswiesenkräuter kauend, und ich fühle mich, als wäre ich unterwegs auf einer der rauen Gebirgsstraßen in Richtung Nanga Parbat, im pakistanischen Teil des nördlichen Kaschmirs. Die trägen Göttinnen denken nicht daran auszuweichen. Warum auch, sie haben Heimrecht. Ihre Sommerferien verbringen sie hoch oben auf den Almen des beginnenden Montafon, das mit der Bielerhöhe seinen Anfang nimmt und bis hinüber nach Bludenz reicht. In endlosen Serpentinen taste ich mich abwärts und erreiche endlich Gaschurn. Die Nebelfahrt ist anstrengend.

Allein der Name Montafon verspricht alle nur denkbaren Abenteuer. Am Gemeindehaus hängt das Wappen:

Bestandteile des Montafoner Möbels

zwei schwarze, gekreuzte Schlüssel auf silbernem Schild. Die Schlüssel bedeuten „Aufschließen", also – Aufgeschlossenheit. Erinnert es nicht auch an das Symbol Petri? Das kam so: Während des Appenzellerkrieges zu Beginn des 15. Jahrhunderts verwendeten die Montafoner in ihrem Wappen zwei vom Kloster St. Peter bei Bludenz „ausgeliehene" gekreuzte Schlüssel. Dieses Sujet wurde später (man glaubt's ja nicht) zum päpstlichen Wappen umfunktioniert, wobei bloß die dreifache Papstkrone hinzugefügt wurde. Grund: Dankbar gedachte man in Rom jener kräftiger Gsiberger, die den späteren Gegenpapst Johannes auf dem Weg zum Konzil von Konstanz in einer Sänfte vom Klostertal über den Silbertaler Kristberg ins Montafon schulterten. Das alles erfahre ich im kleinen, aber feinen Gaschurner *Haus des Gastes*, blättere in vergilbten Büchern, stöbere nach Fotos, staune über Reliquien des altehrwürdigen Landes vorm Arlberg, verneige mich in Richtung Rom und ziehe weiter nach St. Gallenkirch – denn hier, und nur hier soll, wie ich recherchiert habe, die Wiege eines besonderen Landsmannes stehen, des Montafoner Tisches.

Der hübsche Kerl hat eine meist achteckige Form und besteht aus einer prächtig verzierten Einlegearbeit, schrägen

Beinen sowie Bodenbrett-
chen namens „Faulenzer"
oder „Vergeltsgott", auf
denen man bequem sein
Gehwerkzeug parkt. Das Besondere an dem Tisch aber
ist ein mittig eingearbeite-
ter, zwei Zentimeter dicker
Schieferstein, auf dem heiße
Pfannen platziert werden
können. Die Platte hat noch
einen weiteren Vorteil: Man
kann auf ihr schreiben –
nämlich den Spielstand des
hierzulande populären Kar-
tenspiels Jassen.

Montafoner Tisch

Ich habe einen Termin
bei einem der letzten noch
amtierenden Tischler, die
das aufwendige Möbel im Sortiment haben. Martin Netzer heißt der Mann, seine Tischlerei besitzt den lautma-
lerischen Namen *Tschofen*. Im Allerheiligsten, dem Raum,
in dem Tisch und Platte zusammengebaut werden, unter-
weist mich der Meister in der Kunst des Aneinanderfügens
rautenförmiger Intarsien. Wie Reliquien hält er sie hoch,
die kleinen, schräg verfugten Holzstückchen, deren surrea-
le Motive und Perspektiven die Tischplatte einfassen. Jedes
dieser Bänder trägt einen eigenen Namen: Gerstenkorn,
Würfelband ... Für die „Innenadern" (© Meister Netzer)
werden ausschließlich heimische Hölzer verwendet: Nuss,
Kirsche, Ulme und Ahorn.

Die Tische bilden den Mittelpunkt des Montafoner Haushalts, den Ort des Essens und Spielens, des Beisammenhockens.

„Die Schieferplatte ist das Wichtigste, um sie herum wird der Tisch gebaut, danach erst das Haus. Immer noch. Und lange noch." Die Augen des Tischlers funkeln. Er ist in seinem Element. „Da haben s' draufg'schrieben, die Jasser." Er zeigt auf die Platte. „Und immer noch. Und lange noch."

Tradition gilt hier was, im Montafon. In den Achtzigerjahren des letzten Jahrhunderts wurden in der *Tschofen*-Werkstatt noch siebzig, achtzig Tische per annum gebaut und verkauft. Kaum eine Hochzeitsgrundausstattung kam ohne das traditionelle Möbel aus. Heute sind es nur mehr fünf bis sechs Tische pro Jahr.

„Weshalb?", frage ich, „wenn es doch hier zur guten Stube gehört?"

„Es hat schon jeder", sagt er. Das leuchtet ein. „Noch dazu hält der Tisch bis zu hundertfünfzig Jahre lang."

„Schlecht fürs Geschäft", sage ich.

„Gut fürs Geschäft", sagt Herr Netzer. „Die Leute wissen, was sie an uns haben."

Die feine Handarbeit und das tischlerische Geschick adelt das Teil. Unzählige Stunden Arbeit stecken in jedem Unikat.

„Durch die Rückbesinnung auf traditionelle Werte gewinnt der Montafoner Tisch wieder an Aufmerksamkeit. Sonst wären S' ja net da."

„Das stimmt", sage ich und würde den Tisch am liebsten gleich einpacken lassen und mitnehmen. Aber erstens bin ich weder Jasser noch Bräutigam. Und, der Wahrheit alle Ehre schuldend, kein Montafoner und schon gar kein – Gegenpapst.

Der Zerrissene

Victor Mangeng, Holzkünstler, Wagenweg 28, 6780 Schruns

Das Atelier liegt inmitten einer Blumenwiese, an einem der schönsten Flecken zwischen Verwallgruppe und Silvretta: Schruns. Die Adresse stimmt, der Künstler aber ist ausgeflogen.

„Ich möchte in den Norden rauf", sagte er am Telefon. Victor Mangeng ist einer der interessantesten Künstler des (kleinen) Landes. Ich hatte ihn schon lange am Schirm. Wann immer es mich in die Gegend verschlägt, dachte ich, muss ich bei ihm vorbeisteppen. Ich gebe es zu: Ich habe ein Faible für Kunst. Plastiken. Vornehmlich aus Holz. Oder Keramik. Was Elke Huala für die Steiermark ist oder Annerose Riedl für die Schärdinger Gegend, ist Mangeng für Vorarlberg.

„Wohin in den Norden?"

„Keine Ahnung. Ich fahre so lange, bis ich stehen bleibe."

Der Holzbau duftet nach Sonne. Große Fenster. Im Inneren: Tische, Werkbänke, Gerätschaften. Alles fein säuberlich aufgeräumt. Eine Figur steht auf einem Podest und überwacht die kleine Welt der Alltäglichkeit. An der Rückseite des Gebäudes, im Gras, ein jungalter Kopf, behauene

Steine, Bretter, dazwischen Wiesenblumen. Wenn er zurückkommt, der Künstler Mangeng, werden sie verblüht sein. Er wird noch eine Weile unterwegs sein.

„Mit dem Bus zum Nordkap rauf", sagte er, „solange es geht. Bis die Straße zu Ende ist."

Auf der Homepage bereits hatte ich mich verloren. In seinen Figuren. Ich habe gestöbert: Manche wirken aristokratisch, würdevoll, streng. Andere sehen verspielt aus. Eine trägt ein Kleid aus Blumen, pralle Knospen sprießen

Das Blumenwesen

an ihr. Dann wieder zerfurchte, zerschnittene, zerstörte Torsi. Plastiken, die aus Torf geformt sind. Oder aus Ton. Urzeitliche Wanderer durch ferne Welten. Ich möchte sie berühren. Lange betrachte ich die Figuren. Zu jeder von ihnen denke ich mir eine Geschichte aus. Manchmal fällt mir viel ein, manchmal weniger. Interessieren tun sie mich alle.

„Wann sind Sie wieder zurück?", habe ich ihn gefragt. Die Leitung wurde unterbrochen. Weiß Gott, wo er gerade herumkrebst.

Es läutete wieder.

„Ja?"

„Habe beinahe einen Elch überfahren", lachte er. Ich

Holzkünstler Victor
Mangeng

sagte, dass ich vorbeikommen möchte, um mir alles von der Nähe aus anzusehen.

„Keine Ahnung, wann ich wieder da bin. Nicht so bald."

Wir vertagten unser Telefonat, ich wollte nicht noch mehr Tiere gefährden.

Wo mag er jetzt gerade sein, frage ich mich, während ich durch das Reich des Künstlers stapfe. Ich wende mich um, der Kopf des jungalten Mannes blickt mir nach. In diesem Moment läutet das Telefon.

„Jetzt kann ich sprechen", krächzt es.

Und dann spricht er. Ich höre zu, frage nach, notiere. Der Monolog dauert lange. Irgendwann ist er erschöpft. Ich auch. Wir verabschieden uns. Ich habe ihn ein wenig kennengelernt, den Mann mit dem seltsamen Namen, den Reisenden Victor Mangeng, der mindestens fünf bis sechs Monate unterwegs ist, vom Nordkap bis in den Süden, solange der Sprit eben reicht oder der Bus nicht auseinanderfällt. Dann wendet er und fährt zurück in seine Heimat. Und später dann begibt er sich wieder auf Reisen. Ob er das Werkzeug immer bei sich hat?

„Arbeiten kann ich auch ohne Messer", sagt er. „Reisen ist für mich eine gute Phase. Ich muss Eindrücke sammeln, ich verinnerliche, registriere, speichere. Dann folgt das Output. Meine Welt erfindet sich jedes Mal von Neuem. Holz, Ton, Plastilin. Wüsste ich, wohin die Reise geht, interessiert sie mich nicht. Ich habe kein Ziel. Ich sehne mich nach dem Ungewissen, dem Nichtwissen. Ich sehne mich nach dem Ursprung. Antworten interessieren mich nicht. Ich habe noch viel zu viele Fragen."

Ich umrunde das sonnendurchflutete Holzhaus. Immer wieder halte ich meine Nase an die großen, heißen

Scheiben. Ich wünschte, ich dürfte eintreten und mir all die Geschöpfe aus der Nähe ansehen. Gewiss würden auch sie mir keine Antworten geben. Sie würden mich anblicken. Stumm. Fragend.

„Ich bin ein selbstkonfrontaler Künstler", sagt er, „... und ein effizienter Mensch."

Wie passt das zusammen? Ich fühle mich ihm nahe. Seine Zerrissenheit berührt mich.

„Ich sehne mich nach erkennbarer Sprache. Ich wünschte, entdeckt zu werden. Deshalb verschließe ich mich."

„Es gelingt Ihnen", sage ich.

„Weg vom Dekorativen, verstehen Sie? Plastilin-Arbeiten funktionieren von innen nach außen. Man fügt hinzu. Im Gegensatz zu den Holzarbeiten. Da reduziere ich. Meine Arbeiten besitzen unterschiedliche Identitäten. Der Zwiespalt meiner Emotionen ergibt die Spannung. Manchmal zerstöre ich. Das tut mir gut. Das Ergebnis ist oft erstaunlich. Dann erschrecke ich. Ich überlasse jeden, der sich mit meiner Welt einlässt, sich selbst. Von mir gibt es keine Hilfe."

„Wollen Sie noch etwas sagen?", frage ich.

„Nein. Vielleicht noch dies: Ich möchte etwas schaffen, wozu ich nicht imstande bin."

„Und das wäre?"

Seine Antwort war unverständlich.

Ich gehe noch einmal nach hinten, zu den unfertigen Figuren. Der jungalte Kopf starrt mich an. Sein Gesicht ist zerfurcht. Ist er alt? Victor Mangeng ist jung. Erstaunlich jung. Keine dreißig. Für heute habe ich genug gesehen. Ich wünsche dem Künstler ein langes Leben. Und viele Reisen. Möge er nie ankommen.

Lüt und Ländle

Schafe:

Im Montafon setzt man sich für die Erhaltung der Steinschafe ein. Aus kulturgeschichtlicher Sicht eine nobelpreisverdächtige Tat: Peter Kaspers Montafoner Steinschaf-Biohof, Galgenulserstraße 37a, 6791 St. Gallenkirch

Sura Kees:

Ein Stück Bauernbrot, dazu der schneeweiße, in Scheiben geschnittene König der Montafoner. Genussvoller und ursprünglicher gaht's nimma: der Sura Kees von Thomas Fitschs Käserei, oberhalb des Bartholomäberges.
Mateinaweg 6,
6780 Bartholomäberg

G'stickt und g'schnitzt

Kulturgut Juppe:

Tracht ist emotionales Vermächtnis alten Handwerks und Wertschätzung vergangener Generationen. Juppenwerkstatt Riefensberg, Dorf 52, 6943 Riefensberg

Natur im Glas:

„Holdr Pomoranzo Schelee", „Moorgomuffl" und „Öpfl Äuolilikör Espresso" – Delikatessen aus dem Schoß von Mutter Erde. Pfändergold, Seilerstraße 5, 6911 Lochau

Handwerk aus Holz:

Die Nachfrage ist groß, der Markt größer, das Angebot verschwindend. Der vorletzte Küfer Vorarlbergs: Fassbinderei Peter Lässer, Rain 376, 6952 Hittisau

Der alte Mann und der Schnee

Auf den Spuren von Ernest Hemingway, Hotel Taube, Silvrettastraße 1, 6780 Schruns

Wir liebten Vorarlberg, und wir liebten Schruns. Wir fuhren gegen Ende November hin und blieben beinahe bis Ostern (...) Jeder Aufstieg auf die Berghänge machte Spaß. Man setzte sich eine gewisse Geschwindigkeit, weit unter dem Tempo, in dem man steigen konnte, und es war leicht, das Herz war in Ordnung."

Ernest Hemingway schreibt diese Zeilen mit leichter Hand, scheinbar nebenher, für sein Erinnerungsbuch *Paris – Ein Fest fürs Leben*. Er sitzt an seinem Stammplatz am Montafoner Tisch in der Wirtsstube des Hotel *Taube*, ein paar Schritte vom Bahnhof entfernt, mitten im Ortskern des kleinen, verschneiten Ortes Schruns.

Weihnachten 1925: Die Hemingways kamen per Nachtzug, direkt vom Gare de l'Est, Paris. Die dreiköpfige Familie quartierte sich im ersten Hotel am Platz ein, einem herrschaftlichen Bau, für schmale Taschen gerade noch erschwinglich. Das Glück scheint perfekt. Die Liebe zu Hadley, seiner jungen Frau, erfüllt den jungen Schriftsteller ebenso wie die zu

Die Schrunser Taube

seinem kleinen Sohn John. Und doch sollten diese Ferien das Familienglück der Hemingways nachhaltig erschüttern.

Die langen Skitouren, die er mit seinem Freund John Dos Passos in der Bergwelt der Silvretta unternimmt, die durchzechten Nächte in den Hütten, in denen er mit den Jägern und Holzfällern Karten spielt und Bäche von Kirsch trinkt, die vielen Stunden im Schnee mit Frau und Kind sowie die Arbeit an *Fiesta*, seinem (ersten) Roman, der ihn weltberühmt machen sollte – von all dem schwärmt Hemingway zeit seines Lebens, wenn er Rückschau hält auf die Ferienwochen in den österreichischen Alpen. Der Winter in Schruns erscheint ihm wie der Aufenthalt in einem verlorenen Paradies. „Am Weihnachtstag in Schruns war der Schnee so weiß, dass es den Augen weh tat, wenn man aus der Weinstube hinausblickte und die Leute aus der Kirche nach Hause kommen sah (...) wenn sie die steil abfallenden Tannenhänge, die Skier auf den Schultern, hinaufgingen und später auf dem Gletscher oberhalb des Madlenerhauses die große Abfahrt machten, wo der Schnee so glatt aussah wie Zuckerguss und so trocken war wie Pulver ..."

24. Dezember 1925. Pauline Pfeiffer, eine junge, aparte

(und vermögende) Frau, eine gemeinsame Bekannte der Hemingways, steht an der Rezeption eben jenes Hotels, in dem Ernest und seine kleine Familie untergebracht sind. Hier, in Schruns, gedenkt sie ihre Ferien zu verbringen. Es bleibt nicht bei den Tagen um den Heiligen Abend und Neujahr. Sie sollte länger bleiben. Beinahe ein Leben lang. Hemingway lässt sich mit ihr auf eine Affäre ein, hinter dem Rücken seiner Frau. Heute noch erzählt man sich pikante Geschichten darüber – wie die beiden Frischverliebten auf Skitour gehen, hoch hinauf zur Bieler Höhe, wie sie tagelang im Madlenerhaus eingeschneit sind, in einer Hütte auf über zweitausend Meter Höhe und sich dort oben die Zeit vertreiben.

Zunächst scheint die Welt für Hadley noch in Ordnung. Im Hotel *Taube* wohnen die Hemingways und Pauline unter einem Dach. Es kursiert das Gerücht, wie der von Gefühlswallungen übermannte, testosterongebeutelte Hemingway nächtens vom Zimmer der Ehefrau in jenes der Geliebten schleicht – und wieder retour. In den nächsten Wochen beginnt sich die Dreiecksbeziehung mehr und mehr zuzuspitzen. Ernest ist von den eintreffenden Nachrichten seiner ersten Erfolge als Schriftsteller so enthusiasmiert, dass er die außerehelichen Eskapaden als ihm zustehend empfindet. Oben, im Madlenerhaus, vergnügt er sich mit der Geliebten, während seine Frau unten im Tal mit dem kleinen John über die Hänge rodelt. Die Wochen im Montafon, die die schönsten Tage im Leben der jungen Familie zu werden versprachen, wurden zur letzten, unschönen Zeit ihrer Ehe. Der junge Starschriftsteller und Frauenheld tauscht hier, vor den Augen der kleinen Montafoner Öffentlichkeit, seine Liebe gegen eine nächste ein. Das Leben erscheint ihm wie ein Rausch. Dass daran seine Liebe zerbricht, wen kümmert's. Die Leichtlebigkeit auf Kosten anderer sollte zu einem sich wiederholenden Muster in seinem Leben werden.

Viele hier im Tal haben ihre eigene Hemingway-Geschichte parat, und wie so oft ist die Grenze zwischen Dichtung und Wahrheit fließend. Ein Jahr später trennt sich Hemingway von seiner Frau und heiratet die Geliebte. Viele Jahre später schrieb er von „Schuld und Reue", er machte sich Vorwürfe, er mag empfunden haben, dass er damals in das winterliche Idyll des Montafoner Bergdorfes eindrang wie die Schlange ins Paradies.

Patrick Hemingway, Ernests Sohn mit Pauline Pfeiffer, hat das Lebensgefühl, das sein Vater damals in vollen Zügen genoss, später einmal so erklärt: „Eine Erinnerung, die zu einem Teil unserer selbst geworden ist; ein Lebensgefühl, das wir immer bei uns tragen, ganz gleich, wo und wie wir später auch leben mögen. Etwas, das wir niemals verlieren."

Hemingway und der Montafon. Ein Stück Leben. Ein Stück Liebe. Ein Stück, das Leben und Liebe miteinander, ineinander verwob – und nebenher geschehen ließ.

Die Welt den Frauen

Frauenmuseum Hittisau, Platz 501, 6952 Hittisau

Jede Frau verändert sich, wenn sie erkennt, dass sie eine Geschichte hat." Diesen Satz sagte Gerda Lerner, Kommunistin, österreichisch-amerikanische Historikerin und Pionierin der „Women's History". Nicht umsonst steht diese Aussage als Leitsatz über dem sensationellen Frauenmuseum Hittisau, einem Kulturprojekt, das weit über seine Kompetenz von Auseinandersetzung und Weiterbildung hinausgeht. Zwanzig Jahre sind seit der Gründung des österreichweit ersten und einzigen Museums, das sich ausschließlich auf frauenrelevante Themen bezieht, ins Land gezogen. Der Beginn war kafkaesk: Man wollte einen Schauraum bauen. Man baute. Als er fertig war, überlegte man, was man in ihm zeigen sollte. Tatsächlich gab es anhin kein Museum im ländlichen Raum, das Frauenthemen behandelte. Die Abstimmung fiel positiv aus. Das Verblüffende daran – keine einzige Frau war stimmberechtigt. Die Herren Gemeinderäte haben dennoch einen einstimmigen Beschluss gefasst: den, zu bauen. Die Gemeinde Hittisau widmete sich ab sofort der „Geschichte und Kultur aus der Perspektive der Frau". Das

Frauenmuseum wurde eine zur Nachahmung empfohlene Stätte der Begegnung und Vielstimmigkeit.

Das beginnt schon beim Äußeren: Das Haus besteht nicht nur aus den in Vorarlberg traditionellen Holzwänden, es dominiert Transparenz. Kulturvermittlung heißt das Zauberwort. Hier arbeiten und denken Frauen zwischen siebzehn und sechsundsiebzig. Lehrerinnen, Bäuerinnen, Altenpflegerinnen, Schülerinnen, Frauen aus allen Bevölkerungsschichten kümmern sich sowohl

Der Ausstellungsraum

um kuratorische und inhaltliche Mitarbeit als auch um den Brückenschlag zu ihrem Publikum. Sie organisieren Workshops, Schulveranstaltungen und den Dialog mit Bildungseinrichtungen. Darüber hinaus übernehmen die Damen (in ihrer Freizeit!) dokumentarische wie Bibliotheksaufgaben und packen beim Auf- und Abbau von Ausstellungen mit an. Das Haus gilt als Vorzeigeeinrichtung sozialen Zusammenlebens. Nicht zuletzt das war der Grund, warum es mit der höchsten staatlichen Auszeichnung der Republik, dem Österreichischen Museumspreis, geehrt wurde.

Ich nähere mich dem erstaunlichen Gebäude – und stehe vor einem Ei. Der ovale Rundbau thront wie ein großes

Geburt und Sinnlichkeit

Spielzeug auf einer Wiese, ein „begehbarer, lebendiger Organismus", ein mit Ziegeln errichtetes Objekt, monumental und archaisch. Eine Öffnung gibt den Blick ins Innere frei. Der Klotz erinnert an eine mongolische Jurte oder an ein marokkanisches Rundzelt, tatsächlich ist es ein Gebärraum. Es stellt einen „begehbaren Lehmkörper dar, der den Einfluss von Raum und Umgebung auf die menschliche Geburt erfahrbar macht". Fünfhundert Kunstbegeisterte haben Ziegel gekauft und solcherart mitgeholfen, das Projekt zu realisieren. Die Jubiläumsausstellung 2020/21 thematisiert „geburtskultur. vom gebären und geboren werden".

Ich betrete das Mutterhaus. Eine Volontärin mustert mich. Was ich hier will? So alltäglich ist es also doch nicht, dass sich Männer hierher verirren. Ich bin beruhigt. Die Hittisauer sind uns in Sachen Feminismus voraus, aber so weit entfernt vom Rest Österreichs sind sie nun auch wieder nicht.

„Mich umsehen", sage ich, und das tue ich auch. Geburt geht uns schließlich alle etwas an, obwohl es bei mir doch schon ein Weilchen her ist. Schautafeln, Fotos, Exponate. Ich erfahre alles über den Uterus, Placenta-Cremes, ich schnuppere Heilkräuterextrakte für die Schwangerschaft und versuche mir ein paar schmackhafte Rezepte fürs Wochenbett einzuprägen. Weltweite Bräuche und Riten rund um das Wunder des Empfangens und Gebärens lenken mich davon ab, dass ich bereits seit einiger Zeit beobachtet werde.

„Frauen schaffen an, Männer hüpfen!" Eine Vermittlerin registriert mein Interesse an der Massai-Kultur.

„Hm", sage ich provokant, „hier ist es gerade umgekehrt." Ich wollte einen Scherz machen, aber ich war schon mal besser. Ein kunstvermittelnd strafender Blick weist mich in die Schranken. Recht geschieht mir. Die Gemeindevertreterin des Trägervereins und die Direx-Assistentin des Hauses haben sich an meine Fersen geheftet.

„Unsere Besucherinnen kommen eigentlich von überall her, selten aber aus der unmittelbaren Umgebung."

„Trotz dieser landesweit einzigartigen Einrichtung herrscht ziemlich traditionelles Denken vor", sagt die andere. Lange spreche ich mit den beiden Damen. Ich versuche, den schlechten Eindruck auszubügeln. Der Klassikaner: In Wahrheit bin ich ganz anders …

Kein Zweifel, hier wurde Vorbildliches erreicht. Dennoch kann ich mich des Eindrucks nicht erwehren, dass unser lernwilliges Bewusstsein erst dann als emanzipiert bezeichnet werden darf, wenn es Institutionen wie diese gar nicht mehr braucht – wenn weibliche Rechte, Bedürfnisse und soziale Stellung ganz und gar denen der Männer gleichgestellt sind. Zukunftsmusik. Darüber weiß ich mich mit den mutigen, starken, innovativen Frauen von Hittisau eines Sinnes.

Der Bauer als Dichter

**Franz Michael Felder Museum, Unterdorf 2b,
6886 Schoppernau**

Ich will Volksschriftsteller werden, da kann ich mehr bewirken." Er wurde es. Und er hat viel bewirkt, der Franz Michael Felder, der am Vorabend der 1848er-Revolution in einem nur ein paar Einwohner zählenden Dorf namens Schoppernau, am Fuße des großen Grenzberges, das Licht der Welt erblickte. Seine kleine Welt war trüb. Sie blieb es für immer. Rechtsseitig sah er nie besonders gut. Dazu kam, dass sich der Kleine vor Pferden fürchtete, den Viehtrieb zum Markt, dem alle Kinder mit fröhlichem Geschrei folgten, mied er. Schon in jungen Jahren wollte es ihm nicht in den Kopf, dass das Vieh zum Nutzen der Menschen herhalten soll. Keine guten Voraussetzungen für eine unbeschwerte Bauernbubenkindheit.

Viel lieber verbrachte er seine Zeit am Stickrahmen wie die Mädchen seines Alters, besonders wie sein über alles geliebtes „Gotle". Also bastelte ihm sein Vater einen winzigen Webstuhl. Und der kleine Franzmichel wob, was der Rahmen hergab. Er war eben anders als die anderen. Sehr besonders anders. Der weiße Fleck im Auge machte dem

Kind zu schaffen. Ein Doktor von jenseits des Berges sollte abhelfen. Im Suff operierte er – das gesunde Auge. Ab diesem Zeitpunkt blieb das Auge blind. Und: Der Bub war für sein Leben entstellt. Er begann sich zu isolieren, sich selbst zu genügen. Nur so ließ sich das Leben bewältigen. Einzig am Lernen hatte der kleine Außenseiter mehr Freude als die anderen seines Alters. Franzmichel begann Hexameter auswendig herzusagen. Gebundene Rede war ihm eine Freude. Verse bedeuteten Freiheit. Weit flogen seine Gedanken, weit über die hohen Berge, bis in den Himmel hinauf, dann kamen sie zurück und landeten direkt in seinem Kopf. Sie berichteten von ihren Reisen und Abenteuern. So träumte sich der Bub in seine eigene Welt hinein, er vergrub sich in ihr. So war es gut. Doch die Welt war alles andere als gut. Bald schon begann der junge Mann Systeme zu durchschauen.

Der Hungerwinter 1848 traf die Schoppernauer hart. Lohnarbeiter wurden brotlos, Bauern verarmten. Stickerinnen, Fabrikarbeiter, Wanderknechte. Alle darbten. Eines Tages kam sein Vater nicht mehr von der Arbeit zurück. Der Verlust traf den sensiblen Buben. Er flüchtete sich ins Schreiben. Bald danach gab er eine Schülerzeitung heraus. Die Anerkennung dafür war Labsal für seine verwundete Seele. Alle seine Kameraden wussten bald schon von ihrer Lehre als Landmann, Zimmermann oder gar Hufschmied zu berichten, nur er wollte weiter lesen und lernen und schreiben und denken – und träumen. Goethes *Dichtung* wurde ihm zur *Wahrheit*. Schillers *Räuber* faszinierten ihn. Das Schreiben wurde mehr und mehr zu seiner Freiheit.

Zu dieser Zeit traf er die Liebe seines Lebens: Nanni. Hoch droben im Vorsäß lernte er sie kennen. Auch sie las und las und las. Franzmichel schrieb: „Ihr Blick traf mich tief, tief." Auch Nanni schrieb, vorzugsweise Gedichte. Einmal, als er von ihr ging, rief sie ihm nach: „Komm bald wieder!" Folgsam blieb er sein kurzes Leben lang an ihrer Seite. Und sie an der seinen. Fünf Kinder gebar sie ihm, bis sie in jungen Jahren von ihm ging. Weniger als ein Jahr später ging auch er. Keine dreißig Jahre wurde er. Aber sein Vermächtnis war größer als das anderer.

Das Elternhaus vom Franzmichel

Bücher, politische Schriften – der Franzmichel galt als erster Sozialreformer seines Landes. Sein Ziel war es, die ökonomischen Missstände der Arbeiterklasse zu verbessern. Er kämpfte gegen Großgrundbesitzer und Käsehändler, die es sich auf dem Rücken der Frondiener gemütlich machten und es so zu beachtlichem Reichtum brachten. Felder gründete die erste landwirtschaftliche Genossenschaft. Dass er sich mit all dem keine Freunde machte, versteht sich von selbst. Besonders dem einflussreichen Klerus war er ein Dorn im Auge. Die Titel seiner Bücher sprechen für sich und zeichnen sein Leben nach: *Sonderlinge, Reich und Arm* und *Aus meinem Leben*.

Heute, viele Jahre später, haben die Schoppernauer ihrem Franzmichel mitten in ihrer kleinen Welt einen schönen

Schoppernau, das Dichterdorf

„Gedankenraum" errichtet. Man hat den Eindruck, als wäre das Dorf rundherum gebaut, denn das kleine, helle Museum liegt im Herzen der Gemeinde. Und das ist recht so. Felder war Visionär, Denker, Schreiber, Politiker, Revolutionär und – Liebender. Er hat für die kleine Schoppernauer Welt mehr geleistet, als sie ihm zu Lebzeiten zurückzugeben vermochte. An den Stirnseiten des lang gestreckten Raumes geben große Glasfronten den Blick auf das Felder-Leben frei. In Richtung Dorf und in Richtung Elternhaus.

Möglicherweise hätte der Franzmichel gar keine Freude dran. Er war bescheiden. Der Kampf um Volksbildung und Genossenschaftsdenken hat seine Kräfte überfordert, hat ihn angreifbar gemacht.

Drüben am Dorffriedhof liegt er, der Franz. Für immer. Der Kampf um sein Ehrenmal war die logische Fortsetzung der Anfeindungen, denen er zeit seines Lebens ausgesetzt war, ein Kulturkampf zwischen dem aufgeklärt liberalen und dem katholisch konservativen Lager, zwischen dem mutigen Franz Michael Felder und seinem politischen Lebensfeind, Johann Georg Rüscher, Dorfpfarrer ebenhier. In Schoppernau.

Vorarlberg-TIPPS

Kunscht und Kultur

Wartehäuschen Krumbach:
Eines der originellsten Kunstprojekte der letzten Zeit: Architekten aus der ganzen Welt bauen Busstationen fürs Ländle: BUS:STOP, Krumbach und Nachbargemeinden im Bregenzerwald

Almhütten Schönenbach:
Synonym traditioneller Authentizität, ein Freiluftmuseum der speziellen Art. Vorsäß-Siedlung auf über tausend Meter Seehöhe – die schönste im Bregenzerwald.

Kunschthus Bregenz:
Raumschiff aus der Galaxie der Kunst, am Schnittpunkt von Stadt und See. Formen – Fragen – Fühlen. Das Gedankenhaus erfüllt seine Aufgabe vor-bild-lich. Kunsthaus Bregenz, Karl-Tizian-Platz, 6900 Bregenz

Der Autor

Michael Schottenberg

© Ulrik Hölzel

Michael Schottenberg, geboren in Wien, prägte als Schauspieler, Regisseur, Drehbuchautor und Autor das österreichische Kulturleben. Schauspieler im TV, Kino sowie an zahlreichen internationalen Theatern, Bühneninszenierungen in Wien und Berlin. Zehn Jahre lang Direktor des Volkstheater Wien, zahlreiche Preise. Seit 2015 als Reisender und Autor unterwegs. 2019 Publikumsliebling bei der ORF-Show „Dancing Stars".

Zuletzt bei Amalthea erschienen: „Von Menschen, Märchen & Moguln – Unterwegs in Indien" (2020), „Von Träumen und Schiffen – Unterwegs auf dem Frachtschiff MS Karina" (2019), „Von neuen Welten und Abenteuern – Unterwegs in Burma" (2018), „Von der Bühne in die Welt – Unterwegs in Vietnam" (2017)

schottisreisetagebuch.at

Unterwegs in Indien
240 Seiten, mit privaten
Reisefotos des Autors
ISBN 978-3-99050-182-5
eISBN 978-3-903217-57-7

Unterwegs auf dem
Frachtschiff MS Karina
208 Seiten, mit privaten
Reisefotos des Autors
ISBN 978-3-99050-162-7
eISBN 978-3-903217-41-6

Unterwegs in Burma
208 Seiten, mit privaten
Reisefotos des Autors
ISBN 978-3-99050-089-7
eISBN 978-3-903217-26-3

Unterwegs in Vietnam
208 Seiten, mit privaten
Reisefotos des Autors
ISBN 978-3-99050-091-0
eISBN 978-3-903083-82-0